D0873152

le Québec sur le pouce

le Québec sur le pouce

Yanick Villedieu

Caricatures: Berthio

Collection des Guides pratiques
La Documentation québécoise
Ministère des Communications

Éditeur officiel du Québec
Québec, juillet 1978

Cet ouvrage a été publié
sous la direction de Pierrette Fortin

Graphisme: Georges Beaupré

©Éditeur officiel du Québec, 1978

Tous droits de traduction et d'adaptation, en totalité ou
en partie, réservés pour tous les pays. Toute reproduction
pour fins commerciales, par procédé mécanique ou
électronique y compris la microreproduction, est interdite
sans l'autorisation écrite de l'Éditeur officiel du Québec.

Dépôt légal — 2ᵉ trimestre 1978
Bibliothèque nationale du Québec
ISBN-0-7754-3017-X

Table des matières

Appendices

Note de l'éditeur

Le Québec sur le pouce a été conçu pour être un guide extrêmement pratique à l'usage des auto-stoppeurs. A ce titre, il contient non seulement des données générales d'orientation géographique à travers les circuits mais aussi des noms d'auberges, de cafés, des prix, des adresses, des numéros de téléphone . . .

En raison du caractère instable des nombreuses données spécifiques dispersées dans le guide, il nous faut envisager une édition annuelle. L'auto-stoppeur qui tient à évaluer justement le coût d'un séjour devra donc toujours vérifier la date de publication de l'édition qu'il possède.

Introduction

À l'heure de la crise du pétrole et de la recherche d'un environnement de meilleure qualité, il est au moins une source d'énergie alternative — économique, renouvelable et non polluante — dont on n'ait guère encore parlé: le pouce ou, pour le nommer dans ce français que Molière serait censé apprécier, l'auto-stop.

Car c'est d'un véritable moyen de transport en commun individualisé dont il s'agit. Souple comme l'automobile, moins dispendieux que le moins dispendieux des véhicules publics connus, presque aussi poétique que la bicyclette ou le navire à voile, le pouce ne présente somme toute qu'un inconvénient, celui d'horaires difficilement prévisibles.

Mais au diable les horaires: c'est de vacances et d'évasion, de découverte et de voyage dont il est question dans ce guide: *Le Québec sur le pouce.*

La première partie de ce guide pratique est spécifiquement consacrée à ce moyen de transport qu'est le pouce. On y trouvera tout, ou presque, ce qu'un bon auto-stoppeur devrait savoir et faire pour pratiquer son art.

Avec la connaissance des lois et règlements, des mesures de sécurité et de prudence, des règles de base de «l'art de faire du pouce», des préparatifs à faire et des choses à emporter dans ses bagages, le lecteur pourra prendre la route d'un bon pied, ce qui est toujours important quand on choisit ce moyen de transport. Ce qu'il faut encore savoir, c'est que le pouce est toléré, sinon autorisé, par deux catégories de personnes: les agents de la Sûreté du Québec (et de la plupart des corps policiers) d'une part, et les conseillers linguistiques de la Régie de la langue française d'autre part, même si l'expression ne fait pas officiellement partie des canadianismes dits «de bon aloi».

Un Québec à découvrir

La seconde partie de ce guide, la plus volumineuse aussi, propose au voyageur cinq grands itinéraires, cinq moyens parmi sans doute tant d'autres, de découvrir le Québec et les Québécois.

Un Fleuve, deux villes, un pays

De Montréal à Québec, entre métropole et capitale françaises d'Amérique, un fleuve — le Fleuve — fait le Québec. En plus des deux plus importantes agglomérations urbaines québécoises, cet itinéraire invite à découvrir les deux rives du Saint-Laurent en sortant des sentiers trop battus que sont les autoroutes.

Sur la piste des chercheurs d'or et des draveurs

Par les Laurentides et Mont-Laurier, on laisse Montréal pour se rendre dans cet autre univers que sont l'Abitibi et le Témiscamingue. De là, les plus aventureux pourraient essayer de pousser une pointe vers la baie de James. Plus sage, mais encore passablement merveilleux, notre circuit fera une grande boucle par le nord: par Chibougamau, on rejoindra Saint-Félicien pour découvrir le Lac-Saint-Jean, puis la vallée de la Mauricie jusqu'à Trois-Rivières.

En route vers le nord du nord

En partant de Québec, on gagne Chicoutimi pour faire le tour du lac Saint-Jean puis descendre la vallée du Saguenay jusqu'au Fleuve. Commence alors la découverte de la Côte-Nord qu'on visitera aussi loin que le permet la route, c'est-à-dire jusqu'aux portes de ce nord du nord dont parle Vigneault, à moins qu'on ne poursuive l'aventure par bateau. Le voyage en vaut la peine, comme en vaut la peine le retour vers Québec par Charlevoix, la côte de Beaupré et l'île d'Orléans.

Quand le Fleuve se fait mer

Qui n'a pas vu, connu et aimé le Bas-du-Fleuve et la Gaspésie n'a pas vu, connu et aimé le Québec. Cet itinéraire est un classique du voyage au Québec et il le mérite cent fois. Pour le rendre encore plus inoubliable on y ajoutera une expédition aux Îles-de-la-Madeleine.

Le coeur au sud

Il faut bien de temps à autre se laisser «conter des belles menteries»: ce pays de froids et de neiges a le coeur au sud, hiver comme été. Ce dernier circuit propose donc une promenade dans notre sud à nous, et en particulier dans la vallée du Richelieu, les Cantons-de-l'Est et la Beauce.

Comment utiliser le guide

Voici donc pour les itinéraires que nous vous suggérons, mais que le voyageur pourra modifier et aménager à sa guise: après avoir visité l'Abitibi-Témiscamingue et Chibougamau comme le mentionne le second circuit, on peut prendre le troisième et se diriger vers le Lac-Saint-Jean, le Saguenay et la Côte-Nord. De retour de la Côte-Nord, pourquoi ne pas traverser le Saint-Laurent à Godbout ou Saint-Siméon pour ensuite visiter la Gaspésie?

Quoi qu'il en soit, le lecteur se retrouvera facilement dans ce guide en consultant les cartes qu'on a insérées avec chacun des circuits proposés. Et s'il veut en savoir plus sur les régions qu'il se propose de visiter, il aura tout intérêt à se procurer les brochures régionales spécialisées que publie le ministère du Tourisme, de la Chasse et de la Pêche. Ces petits guides sont distribués gratuitement par le ministère.

Comme il s'agit d'un guide du Québec *sur le pouce,* donc d'un *guide de voyage à coût modique,* nous indiquons dans chaque itinéraire les possibilités d'hébergement et de restauration à bas prix. Quant aux activités proposées, tant dans le domaine socio-culturel que dans celui du plein air elles ont été sélectionnées d'abord en fonction de leur accessibilité financière. C'est ainsi que les activités organisées par des institutions à but non lucratif, gouvernementales ou non, ont été volontairement favorisées. Nous incluons d'ailleurs, en fin de volume quatre appendices donnant les listes:

des auberges de jeunesse et des bases de plein air;
des parcs et des réserves du Québec;
des fêtes populaires au Québec;
des organismes à consulter.

Ces propositions pour un tourisme «différent» — pour un tourisme social, culturel et peu dispendieux — ces propositions ne devraient donc pas seulement intéresser ceux qui voyagent sur le pouce. Les adeptes du cyclo-tourisme, des transports en commun classiques et même ceux de l'automobile individuelle pourront certainement y trouver plus d'une suggestion qui fasse aussi leur affaire.

À tous, bon voyage. Et aux «pouceux», bonne chance!

Voyager sur le pouce

- - - - - Premier circuit: Un fleuve, deux villes, un pays
───── Deuxième circuit: Sur la piste des chercheurs d'or et des draveurs
▪▪▪▪▪▪▪ Cinquième circuit: Le coeur au sud

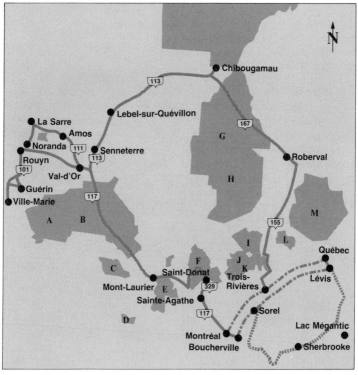

Parcs et réserves

A Kipawa	F Mont Tremblant	K Mastigouche
B La Vérendrye	G Chibougamau	L Portneuf
C Pontiac	H Haute-Mauricie	M Laurentides
D Gatineau	I Saint-Maurice	
E Papineau-Labelle	J Mauricie	

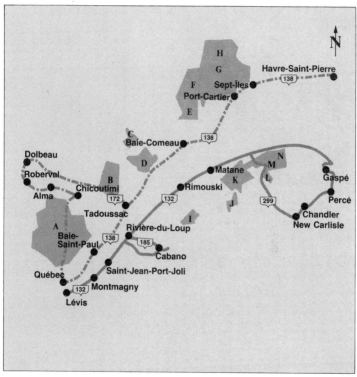

- - - - Troisième circuit: En route vers le nord du nord

▬▬▬ Quatrième circuit: Quand le fleuve se fait mer

Parcs et réserves

A Parc des Laurentides	F Baie-Comeau	K Matane
B Chicoutimi	G Sept-Îles	L Baldwin
C Labrieville	H Port-Cartier	M Gaspésie
D Forestville	I Rimouski	N Chics-Chocs
E Hauterive	J Causapscal	

Ce qu'il faut savoir

À bien y regarder, le pouce est certainement l'un des moyens de transport les plus accomplis qui soient. À la souplesse et la rapidité des moyens de transport individuels, il marie le caractère économique des moyens de transport en commun. Sur les uns comme sur les autres, il l'emporte indiscutablement par le piquant que lui ajoutent l'imprévu des horaires et le hasard souvent heureux des rencontres.

N'importe qui, pratiquement, peut faire du pouce. À la condition toutefois de ne pas le faire n'importe comment, n'importe où, n'importe quand ni avec n'importe qui.

Certes, il n'existe pas de science, ni exacte ni humaine, de faire de l'auto-stop. On peut tout au plus parler d'un art, mais d'un art encore bien jeune et bien peu codifié: contrairement à l'art d'être grand-père, celui d'être «pouceux» est d'une invention plutôt récente.

Ceux pourtant qui veulent voyager sur le pouce devraient savoir un certain nombre de choses qui pourraient leur faciliter l'aventure et les mettre à l'abri de problèmes éventuels.

Le pouce et la loi

Mises à part certaines portions bien déterminées du réseau routier, à savoir essentiellement les autoroutes et les voies rapides, le pouce n'est pas interdit au Québec.

Cette non-interdiction ne confère pas au «pouceux» un statut légal bien fort. Mais elle a au moins un effet: que son existence soit tolérée.

C'est au code de la route qu'on doit se référer pour savoir ce que le législateur québécois permet en matière d'auto-stop. Le paragraphe 4 de l'article 48 du code de la route devrait d'ailleurs figurer en bonne place parmi les citations du petit livre rouge du «pouceux». Ce paragraphe se lit ainsi: «Aucun piéton ne doit se tenir sur la partie carrossable d'un chemin public dans le but de solliciter un conducteur de véhicule de le transporter dans sa voiture». En d'autres mots, et selon les interprétations qui nous en ont été données, le pouce est autorisé (ou au moins toléré) à la condition que l'auto-stoppeur se tienne sur le bas-côté de la route.

Restriction à cette règle générale toutefois: les autoroutes. Selon l'article 9 du règlement no 20 (arrêté ministériel 1427) adopté le 21 avril 1971 en application de la loi des autoroutes, «il est interdit de circuler sur les autoroutes à pied, en voiture à traction animale, à bicyclette non motorisée, à cheval, en motoneige». L'article 14 du même règlement stipule même qu'«il est interdit à tout conducteur de véhicule automobile de faire monter ou descendre un piéton sur toute autoroute». Ceci dit, la pratique de l'auto-stop demeure autorisée sur les voies d'accès aux autoroutes, à condition que le «pouceux» ne se tienne pas «sur la partie carrossable du chemin» et qu'il ne dépasse pas le panneau indiquant l'interdiction d'accès aux piétons. Dans le même ordre d'idées, un règlement (arrêté ministériel 255-74 du 24 janvier 1974) précise les endroits du Montréal métropolitain où il est interdit de circuler à pied:

le tunnel Louis-Hyppolyte Lafontaine entre la cité
de Jacques-Cartier et l'Île de Montréal de même
que les approches de ce tunnel;

les sections du tunnel de l'autoroute est-ouest dans
la ville de Montréal et leurs approches;

la montée Saint-Léonard depuis l'approche sud
du tunnel Louis-H. Lafontaine jusqu'au boulevard
Métropolitain;

l'échangeur montée Saint-Léonard — boulevard
Métropolitain;

le boulevard Métropolitain depuis la rue Ezilda
dans la ville d'Anjou jusqu'au rond-point de la
Côte de Liesse;

l'échangeur Décarie, boulevard Métropolitain;

le boulevard Décarie (route Transcanadienne)
jusqu'à l'échangeur Turcot;

l'échangeur Turcot;

l'autoroute 20 reliant l'échangeur Turcot aux
approches nord du pont Mercier via la cour de
triage Turcot;

les approches nord du pont Mercier y compris
l'échangeur les reliant à la route 2;

le pont Mercier;

les approches sud du pont Mercier jusqu'à leur
jonction avec les routes 3 et 9-C;

le raccordement de l'échangeur Turcot au pont
Champlain jusqu'à l'endroit où cette route tombe
sous la compétence du Conseil des ports
nationaux;

l'autoroute est-ouest (A 20) entre l'échangeur
Turcot et la rue Sanguinet dans la ville de
Montréal.

De leur côté, les municipalités peuvent-elles réglementer et interdire la pratique de l'auto-stop sur leur territoire? Selon le service juridique du ministère des Affaires municipales, rien ne leur en donne le pouvoir, ni dans le code municipal, ni dans la loi des cités et villes: ce sont les dispositions du code de la route qui prévalent. Même chose pour la ville de Québec, qui n'a pas adopté de règlement particulier sur cette question. La ville de Montréal, le 20 novembre 1934 par contre, en a adopté un, le règlement 1319, dont l'article 20 se lit comme suit: «Il est défendu à toute personne de se tenir sur la chaussée dans le but de solliciter une promenade d'un conducteur de véhicule privé». Ce qui veut dire que la pratique du pouce n'est pas interdite quand l'auto-stoppeur le fait sur le trottoir.

Attention toutefois: même dans l'hypothèse où il n'en a théoriquement pas le pouvoir, un conseil municipal peut avoir adopté un règlement limitant ou interdisant le pouce; ce règlement restera applicable malgré tout, tant et aussi longtemps du moins qu'il n'aura pas été déclaré *ultra vires* par les tribunaux compétents.

Par ailleurs, il est à souligner que l'auto-stoppeur peut parfois être confronté avec des situations qui sont prévues par le code criminel.

Le «pouceux», le pouce et le code criminel

Parmi les situations prévues au code criminel et auxquelles le «pouceux» peut être confronté, mentionnons tout d'abord la présence d'une arme dite à autorisation restreinte dans un véhicule à moteur; selon l'article 94 du code, le fait d'occuper un véhicule que l'on sait renfermer une telle arme sans qu'un occupant en possède le permis voulu, rend coupable d'un acte criminel ou d'une infraction. Il existe de plus une série d'infractions relatives aux automobilistes et pour lesquelles un «pouceux» pourrait être appelé comme témoin; ces infractions peuvent être dues à la négligence dans la mise en service d'un véhicule à moteur, à la conduite dangereuse, au délit de fuite, à la conduite avec facultés affaiblies, à la conduite avec un taux d'alcoolémie supérieur à 80 milligrammes, à la conduite pendant une interdiction. Signalons enfin que le «pouceux» peut se heurter à d'autres situations relevant du code criminel (viol, vol, voies de fait, meurtre), mais qui ne sont pas nécessairement reliées au fait de faire du pouce; dans ces situations, les dispositions légales habituelles s'appliquent sans qu'on ait rien de spécifique à y ajouter dans le cas qui nous intéresse ici.

Le pouce et la sécurité

Faire du pouce n'est certainement pas une aventure pour casse-cou impénitents. Au contraire. À la Sûreté du Québec par exemple, on reconnaît que l'auto-stop n'occasionne pas de problèmes particuliers, du moins sur le territoire couvert par ce corps policier.

Pour sa sécurité personnelle comme pour celle des autres usagers de la route, l'auto-stoppeur devrait pourtant savoir qu'un certain nombre de précautions doivent être prises.

Où faire du pouce?

C'est le ba-ba de l'art d'être «pouceux»: se poster en un endroit où la visibilité est bonne et où le bas-côté de la route est suffisamment large et ferme pour qu'une automobile puisse y être arrêtée sans encombre. Tout cela exclut un certain nombre d'endroits dangereux: les courbes (incluant l'entrée et la sortie desdites courbes), certaines intersections de routes, les ponts, tunnels et autres endroits où la chaussée est rétrécie, les secteurs où sont effectués des travaux de voirie, les points où le trafic est particulièrement dense et rapide. À rappeler ici: l'interdiction que fait le code de la route à tout «pouceux» de «se tenir sur la partie carrossable d'un chemin public», ce qui constitue une sage mesure de prudence.

Quand faire du pouce?

Il peut être dangereux, ou en tout cas moins prudent, de faire de l'auto-stop dans certaines circonstances. Le brouillard, la pluie ou la neige diminuent la visibilité et rendent la chaussée dangereuse; la nuit augmente les risques de la marche à pied le long des routes, tout comme la tombée du jour ou le moment où le soleil se couche, causant parfois des éblouissements aux automobilistes. Si l'on doit absolument faire de l'auto-stop la nuit, on s'installera dans un endroit bien éclairé et on s'habillera de couleurs claires.

"... IL EST TOUJOURS PRÉFÉRABLE DE FAIRE DU POUCE À DEUX..."

Avec qui faire du pouce?

Pour des raisons de sécurité personnelle bien compréhensibles, il est toujours préférable de faire de l'auto-stop à deux. Une femme qui fait du pouce seule doit savoir qu'elle s'expose à des mésaventures qui peuvent parfois franchement mal tourner, surtout si elle voyage le soir et la nuit. Ceci dit, qu'on soit seul ou avec une autre personne, il faut se dire qu'on peut toujours et de toutes façons refuser d'aller avec un automobiliste qui s'est arrêté pour vous faire monter. Il faut pour cela développer une bonne rapidité de jugement, fondé sur des critères comme l'apparence de l'automobile (a-t-elle l'air en bon état de fonctionnement), la façon sécuritaire ou non que l'automobiliste a eue de s'arrêter (a-t-il freiné trop brusquement, a-t-il fait fonctionner son clignoteur et ses signaux de détresse, a-t-il pris soin de se bien ranger à côté de la route), l'état d'ébriété dans lequel il a l'air de se trouver le cas échéant (ce qu'on pourrait appeler, chez le «pouceux», l'intuition du .08). Si l'on est monté et qu'on le regrette (automobiliste imprudent ou chauffard, personnalité trop entreprenante, etc.), on peut toujours demander de descendre au prochain village en inventant toutes sortes de prétextes. D'une façon générale, une bonne mesure de prudence consiste à s'exercer avant de monter dans une automobile, à la mémorisation du numéro de la plaque minéralogique: cela peut être utile plus tard, mais cela permet parfois de dissuader l'automobiliste-problème qui apprend toujours avec une certaine surprise que vous connaissez son numéro de plaque d'immatriculation . . .

Dans le même ordre d'idées, et pour des raisons qui tiennent à la fois de la sécurité routière, de l'efficacité et du confort personnel, on essaiera de faire de l'auto-stop par beau temps, en commençant sa journée tôt le matin: les automobilistes sont généralement de bonne humeur dans ces conditions, ils ont davantage envie de parler et de rencontrer de nouvelles têtes, ils vont quelque part et loin.

Ceci dit, il n'y a pas de recettes miracle pour avoir du succès sur le pouce. L'image générale que projette le ou les «pouceux» d'eux-mêmes (et cette image est très générale, parce que l'automobiliste la jugera en quelques secondes à peine) a son importance: plus vous avez l'air de ressembler au type de personnes que peut connaître et apprécier l'automobiliste, plus vous avez de chances qu'il s'arrête pour vous. C'est ainsi qu'un couple d'auto-stoppeurs homme et femme a plus de chances d'avoir un pouce qu'un groupe de trois hommes barbus, chevelus et bizarrement accoutrés, promenant avec eux l'iguane qu'ils ont adopté lors de leur dernier hiver au Mexique. Il ne s'agit pas là d'un plaidoyer en faveur de l'uniformité normalisée, mais de la reconnaissance d'un fait largement observé. Par ailleurs, le fait de faire de l'auto-stop d'un air décidé et souriant, la main et le pouce bien tendus, les yeux cherchant à croiser le regard de l'automobiliste, ce fait contribue lui aussi à augmenter les chances de voir une auto s'arrêter bientôt.

Autre point pour augmenter l'efficacité de votre journée d'auto-stop (qui, rappelons-le, a toujours intérêt à commencer tôt le matin): savoir sortir des villes. Faire du pouce en pleine ville avec son sac à dos plein à craquer n'est généralement pas très rentable. Mieux vaut emprunter les moyens de transport en commun disponibles: ça ne coûte jamais bien cher, mais ça permet de gagner beaucoup de temps. Nous indiquons d'ailleurs les moyens de transport à utiliser pour sortir de Québec et de Montréal dans le circuit numéro 1 du présent guide.

D'une façon générale d'ailleurs, le «pouceux» doit toujours se rappeler que les moyens de transport en commun existent aussi à l'extérieur des villes: pour quelques dollars parfois, un autobus vous permettra de compléter sans difficulté un trajet difficile, d'arriver plus tôt à un endroit voulu ou de voyager ce jour-là au sec et au chaud . . .

La pratique du pouce

Toutes les mesures de sécurité qui viennent d'être décrites doivent modeler, sinon régir, l'art de faire de l'auto-stop. Si l'on se poste dans un endroit où la visibilité est bonne, c'est pour la sécurité de tous, mais c'est aussi pour augmenter ses chances de voir une automobile s'arrêter. L'exemple classique est celui du pont Pierre-Laporte, quand on quitte Québec pour aller prendre l'autoroute 20 en direction de Montréal ou de Rivière-du-Loup: l'entrée du pont est dangereuse (de multiples voies secondaires déversent leur trafic sur les trois voies principales, où la circulation est très rapide; le pont lui-même ne permet pas qu'on s'y arrête, et les sorties du pont, vers l'ouest comme vers l'est, consistent en deux longues courbes où il serait périlleux de s'arrêter. Dans ce cas comme dans tous les cas de ce genre, le bon «pouceux» prendra tout ce qu'il a de courage et marchera jusqu'à ce qu'il trouve un endroit propice pour faire du pouce de façon sécuritaire et efficace.

Manger et dormir

Après faire de la route, manger et dormir sont les deux besoins de base du voyageur. Là non plus, pas de recettes toutes faites, mais quelques choses à savoir ou à décider.

On mange à très bon prix dans les auberges de jeunesse (voir p. 185) mais il n'en existe pas partout et toutes ne servent pas nécessairement les trois repas. On peut donc aller aussi dans de petits restaurants et, sur la route, dans les restaurants que fréquentent les camionneurs: la nourriture y est en général bonne, abondante et à prix abordable. Il est toutefois important de se munir d'un minimum de matériel permettant de se préparer des repas élémentaires: mini-réchaud à alcool solide ou à gaz, petite casserole, etc. C'est souple et économique, et indispensable si l'on décide d'emporter une tente.

Que l'on prenne ses repas dans les auberges, au restaurant ou sous sa tente, une chose importe: éviter de mal manger, d'ingurgiter hamburgers, frites et autres chips. On doit faire deux gros repas, un le matin et un le soir, et se satisfaire d'une collation le midi, où de toutes façons les hasards du pouce ne laissent pas toujours le temps de manger longuement. On cherchera aussi à faire des repas complets et reconstituants à intervalles réguliers. On se souviendra qu'on peut se nourrir, surtout l'été, de fruits et de légumes frais, de noix, de céréales, de pain entier, de fromage. Un bon exercice de préparation à un voyage sur le pouce peut consister à trouver quelques recettes pour des repas faits simplement, rapidement et économiquement; une bonne solution peut être de se munir de petits pots hermétiques et incassables pour emporter de l'huile, du vinaigre et de la moutarde forte, les trois ingrédients nécessaires, avec le sel et le poivre, pour préparer des vinaigrettes et, partant, une incroyable variété de salades inoubliables.

C'est aussi dans les auberges de jeunesse (voir p. 185) qu'on dort au meilleur prix. Et il faudra planifier son voyage en fonction de ce fait. Mais au-delà des auberges, un choix doit être fait: celui d'emporter ou non une tente. C'est bien sûr lourd et encombrant, surtout si l'on veut emporter une tente munie d'un double toit. Mais c'est économique et cela permet une souplesse intéressante dans les itinéraires, notamment au niveau des parcs gouvernementaux où existent toujours de bons sites de camping organisé ou rustique.

Si l'on choisit toutefois de ne pas emporter de tente, on se souviendra que les auberges de jeunesse et bases de plein air ne sont pas les seuls endroits où dormir. Il existe dans certaines villes de tout petits hôtels dont les chambres sont offertes à prix populaire (liste publiée par le service des renseignements touristiques du ministère du Tourisme, de la Chasse et de la Pêche (voir appendice 4, p. 242)). Dans les parcs et jardins publics des villes et un peu partout à l'extérieur des villes, on peut souvent dormir à la belle étoile, ce qui ne diminue en rien la poésie du voyage. Enfin, au Québec comme partout au monde, le voyageur a parfois le bonheur de coucher chez l'habitant ou chez l'habitante, ce qui a aussi son charme et sa saveur.

Dans tous les cas cependant, auberges de jeunesse, camping ou autres, une chose reste vraie: avoir la sagesse d'emporter dans ses bagages un bon sac de couchage.

Ce qu'il faut prévoir

Même si l'on veut partir à l'aventure, un voyage, ça se prépare un peu. Il suffit en effet de prévoir un certain nombre de choses, parfois bien simples, pour s'éviter certains désagréments, retards inutiles ou ennuis.

Première catégorie de choses à prévoir: les outils de base du voyageur que sont les cartes, brochures et autre documentation touristique. Tout cela peut être obtenu gratuitement auprès du ministère du Tourisme, de la Chasse et de la Pêche (voir p. 242). Nous donnons d'ailleurs, en appendice 4 de ce guide, la liste des documents à se procurer auprès de ce service. Si l'on a été encore plus prévoyant, on aura pu demander ces documents par la poste.

Viennent ensuite les préparatifs du voyage lui-même, et notamment de l'équipement dont on aura besoin tout au long des quatre à cinq semaines ou plus encore, que durera l'aventure.

Pour le «pouceux», trois objets sont essentiels: les chaussures de marche, le sac à dos et le sac de couchage. Sur ces trois objets, il n'y a guère d'économie à faire: la qualité coûte cher au moment de l'investissement, mais elle s'avère très économique à moyen et à long terme.

On choisira donc des chaussures imperméables de première solidité, cuir et semelles. Quand on marche beaucoup, il est bon que les chevilles soient maintenues par la chaussure, d'où l'utilité des bottillons. Coût probable: $25 et plus.

Le sac à dos, c'est un peu le deuxième moi du «pouceux», à tout le moins son frère siamois: il va vivre constamment avec lui pendant tout le voyage, et tout ce qu'il aura jamais, ce sera son sac à dos et son contenu, parfois pesant. On achètera donc un sac de première qualité, type sac de randonnée, avec cadre métallique pour le transport à dos. Prix minimum: $75; certains modèles ultra-sophistiqués peuvent coûter jusqu'à deux fois plus. Un bon conseil: acheter aussi un petit sac «de ville», qu'on utilisera de préférence au gros quand on fera des excursions ou ballades depuis un point de résidence fixe, auberge ou autre.

Quant au sac de couchage, lui aussi essentiel, on le choisira léger et peu encombrant. Un point primordial: qu'il soit fait d'un matériau qui ne retienne pas l'humidité. Rien n'est plus désagréable, après une journée de pluie pendant laquelle on a passé plus d'heures sur le bas-côté de la route qu'à l'intérieur d'automobiles sèches et chaudes, rien n'est plus désagréable que de se glisser dans un sac de couchage encore humide . . . Donc, une fois encore, investir dans la qualité et prévoir un minimum de $25.

" UN CHOiX DOiT ètre fait :
CELUi D'EMPORTER OU
NON UNE TANTE... "

À ces trois objets essentiels pour l'auto-stoppeur s'ajoutera une tente, si jamais il a décidé d'utiliser ce mode d'hébergement. Les prix en sont extrêmement variables, selon le modèle et la taille choisis. Rappelons simplement que tout bon campeur aurait intérêt à choisir une tente à double toit.

On se procurera ce matériel dans des magasins de sport spécialisés. Si l'on est membre de la Fédération québécoise de l'ajisme (voir p. 241), on pourra aller à Montréal, à la boutique de la Fédération, *le Randonneur,* où l'on aura droit à une réduction de 10% sur tous les achats: quand on doit s'équiper entièrement, il peut valoir la peine de devenir membre de la Fédération et d'aller faire un tour à sa boutique de plein air.

Ceci dit, voici ce que devraient au moins contenir vos bagages:

Dans votre sac à dos

- *Documents officiels*

  passeport ou autre pièce d'identité

  permis de conduire

  chèques de voyage

  carte de la Régie de l'assurance-maladie du Québec

  carte de groupe sanguin

  carte indiquant qui avertir en cas d'accident

- *Documentation voyage*

  carte routière (édition de l'année en cours)

  votre guide: *Le Québec sur le pouce*

  petite flore forestière du Québec; les plantes sauvages printanières

  brochure(s) régionale(s) du ministère du Tourisme

  brochures du même ministère sur: les parcs et réserves du Québec, les terrains de camping, les hôtels

  itinéraires culturels: Rivière-du-Loup et son portage; La Gaspésie, de Grosses-Roches à Gaspé; La Gaspésie, de Miquasha à Percé

- *Effets personnels*

  trois paires de chaussettes et sous-vêtements

  deux T-shirts et chemises

  un chandail léger

  un gros chandail de laine

  jeans et shorts

  maillot et casque de bain

chaussures de marche

sandales

imperméable long avec chapeau

effets de toilette (savon, shampooing, brosse à dents et dentifrice, brosse à cheveux, lime à ongles, rasoir)

serviette de bain

crème solaire

produit anti-moustiques

papier hygiénique

petite pharmacie de voyage (désinfectant, gaze, pansements, aspirine)

serviettes ou tampons hygiéniques

moyens de contraception («pilules», condoms)

petit sac fourre-tout en toile

- *Matériel de camping*

sac de couchage

tente

petit réchaud

thermos

un bon couteau

tasse et assiette incassables, couverts

ouvre-boîte, décapsuleur et tire-bouchon

linge et torchon

cloche ou sac à eau

corde tout usage

lampe de poche

marteau ou petite hache

allumettes de bois dans un contenant hermétique

fil de pêche et hameçons

au besoin, ingrédients de cuisine (sel, poivre, huile, vinaigre, café ou tisanes, sucre) et savon à vaisselle, dans des pots hermétiques et incassables

petit nécessaire à couture: fil, aiguilles, etc.

- *Divers*

  petit sac à dos « de ville»

  appareil photo

  carnet d'adresses

  carnet de notes de voyage et crayon

  quelques bons livres de poche (par exemple, et de façon non exclusive: *Sur la route,* de Jack Kérouac, et les *Poésies complètes* de Rimbaud, incluant les *Illuminations* et *Une saison en enfer, Moi, mes souliers* et le *Calepin d'un flâneur* de Félix Leclerc).

Voilà donc pour ce que devrait contenir votre sac à dos, qui bien sûr sera toujours trop encombrant et toujours trop pesant. Un dernier conseil à la veille de votre départ: une fois vos bagages faits, défaites-les, puis refaites-les en éliminant tout ce qu'il y aura encore de superflu ... En voyage, il faut garder le pied léger!

Un Québec à découvrir

Premier circuit*
Un fleuve, deux villes, un pays

Montréal, la Route des Seigneurs, Québec, le Chemin du Roy

Départ de Montréal ou de Québec

Au moins 583 kilomètres, 1 à 2 semaines

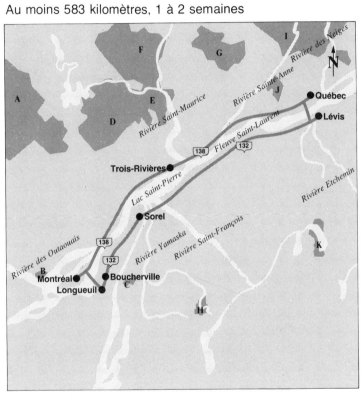

Parcs et réserves

A Mont Tremblant	E Mauricie	I Laurentides
B Dollard-des-Ormeaux	F Saint-Maurice	J Duchesnay
C Mont Saint-Bruno	G Portneuf	K Frontenac
D Mastigouche	H Mont Orford	

* Ce premier circuit a été établi en collaboration avec Diane Cadoret.

Un fleuve, deux villes, un pays

Le Québec, c'est d'abord et avant tout un Fleuve, le Saint-Laurent, et deux villes, Québec et Montréal. L'image est forte, sans doute, mais traduit — au moins en partie — une réalité à laquelle il faut bien se rendre: notre histoire, notre existence et notre présent sont contenus surtout dans cette minuscule bande de territoire.

Veux, veux pas, tout le monde passe donc par Montréal et par Québec, et le «pouceux» n'échappe pas à la règle. Et à moins d'être franchement allergique à l'asphalte et au bruit, le séjour n'est pas à rejeter d'emblée: ici et là, il y a des choses à voir et à faire — entre autres jouir des «plaisirs de la grande ville» (cinémas, grands parcs publics, cafés, lieux d'approvisionnement, lavoirs, etc.) et pouvoir rencontrer, pour peu qu'on connaisse les bons coins, les plus fortes concentrations de jeunes Québécois.

Pour se rendre d'une ville à l'autre, il y a l'autoroute 20, rapide (trois heures sur le pouce), mais mortellement ennuyeuse. Elle est à déconseiller pour qui veut voir du pays, et à éviter par temps gris.

Mieux vaut donc emprunter l'une des deux vieilles routes longeant le Saint-Laurent, plus agréables et plus humaines. Souvent, on y a vue sur le Fleuve et l'on passe par de petites villes ou villages où il y a beaucoup à voir et peu à visiter: maisons parfois très anciennes, kiosques de fruits et de légumes ou de souvenirs à touristes, restaurants, cabanes à frites et casse-croûte (les «snack bar» d'avant la loi 101), stations d'essence, églises; on navigue en pleine culture québécoise . . .

Côté nord, c'est la route 138: le Chemin du Roy, l'une des toutes premières routes carrossables construites au pays (1734), qui permettait d'aller d'une seigneurie à l'autre.

Côté sud, c'est la 132, autrefois appelée Route des Seigneurs. À mi-chemin entre Québec et Montréal, un pont que les «communistes» ne font plus tomber et que protège encore l'esprit de Duplessis, un pont donc relie les deux rives du Saint-Laurent, à la hauteur de Trois-Rivières.

À noter que ce premier circuit permet de relier les deux villes principales à tous les autres circuits du *Guide*.

Les distances
(par les routes les plus directes)

Montréal-Québec par la rive sud: 281 km

Québec-Montréal par la rive nord: 302 km

Total du premier circuit: 583 km

Pour sortir de Montréal et de Québec
voir page 51 et page 60.

Jonctions avec d'autres circuits
à Montréal avec les circuits 2 et 5,
à Québec avec les circuits 3 et 4.

Montréal

Montréal étant une très grande ville, il convient de se procurer au plus tôt plan, carte et informations: ça facilite et la vie, et les déplacements. Autre priorité: se familiariser avec le système de transport en commun, métro et autobus, ce qui est la façon la plus simple et la plus rapide de se déplacer à Montréal. Si pourtant on doit circuler sur le pouce, se rappeler qu'en direction nord-sud, les trois axes les plus importants sont Côte-des-Neiges, l'avenue du Parc et la rue Saint-Denis; dans le sens est-ouest, c'est la rue Sherbrooke qu'il faut prendre. Un peu égaré? Prendre un autobus en demandant un billet de correspondance au chauffeur, et se rendre au métro, ou l'inverse. La monnaie exacte ($0,50) est exigée dans l'autobus, à défaut de billet, mais pas dans le métro.

C'était pour le pratico-pratique de première urgence. Si l'on se promet de bien «tripper» dans la métropole, sans y laisser tout son budget en deux jours, on pourra se référer à deux guides largement plus détaillés que nous ne pouvons le faire ici: le *Guide de Montréal en jeans* (Éditions du Jour, $3,95) ou, plus économique encore, *Boussole,* qu'on se procure gratuitement au Centre international de séjour, 6511, rue Saint-Vallier (métro Beaubien). Autre solution: aller consulter le *Guide de Montréal en jeans* dans une bibliothèque (la bibliothèque municipale se trouve au 1210, rue Sherbrooke est, en face du parc Lafontaine).

Autres sources d'informations: les bureaux de renseignements touristiques. Celui du ministère québécois du Tourisme se trouve près de la place Ville-Marie (information sur toutes les régions du Québec). Celui de la ville de Montréal est situé près de l'Hôtel de Ville, 85, rue Notre-Dame est. Il existe aussi un service d'accueil aux voyageurs à 800, boulevard de Maisonneuve ouest (tél.: 526-9211) avec trois succursales: à la gare centrale, à la gare Windsor et à l'aéroport international de Mirabel; ce service peut aussi répondre aux appels d'urgence.

Dernier détail à savoir pour bien s'orienter dans Montréal, une ville dessinée en damier simple: la démarcation entre l'est et l'ouest se fait par la rue Saint-Laurent. Si toutefois, l'on se trouve embarrassé, il suffit d'appeler au numéro 849-4761, de dire où l'on est, où l'on veut aller et l'on vous indiquera de façon précise la meilleure façon de vous y rendre.

- Dormir à bon prix

  En ce domaine, Montréal offre de nombreuses possibilités: les «Tourist rooms» vraiment pas chères, deux auberges de jeunesse, les chambres à l'Université de Montréal, refuges gratuits ou presque. Voici les principales adresses à retenir:

  Centre international de séjour, 6511, rue Saint-Vallier (métro Beaubien), tél.: 277-6226;

  Auberge de Montréal (voir appendice 1, p. 185)

  Centre Maria-Goretti, 3333, Chemin de la Côte-Sainte-Catherine, tél.: 731-1161 (gratuit, pour femmes seulement);

  Maison du Père, 1090, rue Saint-Hubert, tél.: 845-7368 (coucher et déjeuner gratuits, pour hommes seulement);

  Foyer Sainte-Claire, 80, rue Laurier est (métro Laurier), tél.: 279-7311 (repas et coucher gratuits);

  Armée du Salut, 1620 ouest, rue Saint-Antoine (gratuit, ne pas s'attendre à du confort);

  Dehors, dans plusieurs parcs ou cours d'églises.

- Manger pour presque rien

  En plus des dizaines et des dizaines de possibilités, surtout si l'on a un peu d'argent, qu'on découvrira par soi-même ou en consultant le *Guide de Montréal en jeans,* on peut signaler:

  Welcome Cafe, au coin des rues Clark et Lagauchetière (riz saucé pour presque rien);

48

Yellow Door, 3625, rue Aylmer;

Armée du Salut, 1620, rue Notre-Dame ouest;

Cock' N' Bull, 1946, boulevard de Maisonneuve ouest (commander une bière, le reste vient, et pas cher);

Christ Church Cathedral, coin des rues Union et Sainte-Catherine;

Bazaar, 161, rue Saint-Sulpice;

Penser aussi aux pâtisseries, aux marchés de la ville et, pour les intéressés, au marché d'aliments naturels: Miriam's Herbs and Health Foods, 3677, rue Saint-Laurent.

La survie étant maintenant assurée, voyons pour la vie, la vraie vie.

Faut-il le préciser? Montréal possède une flopée de cafés, de discothèques, de bars et de brasseries qui ne vous laissent que l'embarras du choix. Deux concentrations de ce genre d'établissements sont particulièrement intéressantes: le centre ville francophone, dans l'est, depuis le carré Saint-Louis jusqu'au Vieux Montréal, via la belle rue Saint-Denis (station de métro Berri-Demontigny, gare centrale d'autobus, cinémas, campus en construction de l'Université du Québec à Montréal), et le centre ville anglophone, dans l'ouest, à savoir les rues Peel, Stanley, Drummond, de la Montagne, Crescent, Bishop, MacKay, entre les boulevards de Maisonneuve et Dorchester (métro Peel ou Guy).

Si l'on reste plus longtemps à Montréal, il ne faudrait pas oublier la place Jacques-Cartier et tout le quartier historique, en bonne partie rénové, du Vieux Montréal («le Vieux», comme on dit); ce qui reste du quartier chinois, en voie de démolition malheureusement (rues Lagauchetière et Saint-Urbain, soit un peu au sud de la place Desjardins); le parc Lafontaine (métro Sherbrooke); la Montagne (métro Mont-Royal et autobus 97) et l'Université de Montréal; le Stade olympique et Terre des Hommes (respectivement métro Viau et Île Sainte-Hélène); ou encore le Jardin botanique de Montréal (métro Pie-IX), le Planétarium Dow; la Place d'Armes.

Pour sortir de Montréal

Vers le nord et les Laurentides: métro Crémazie, puis autobus 100 jusqu'à l'autoroute des Laurentides;

Vers Trois-Rivières par la rive nord du Saint-Laurent: métro Honoré-Beaugrand, puis autobus 189 le plus loin possible sur la rue Sherbrooke;

Vers le sud du Québec, les États-Unis et Québec par la rive sud: métro Longueuil, puis se rendre à pied soit vers la route 138 est, soit vers la 15 sud;

Vers Sherbrooke: métro Longueuil et autobus 134 jusqu'à l'autoroute des Cantons;

Vers Ottawa, Toronto et l'Ouest canadien: métro Atwater, puis autobus 90 jusqu'à la fin de la ligne (Dorval); demander au chauffeur les indications pour l'autoroute, qui se trouve environ à un kilomètre.

La Route des Seigneurs

C'est donc par la rive sud — mais non pas par l'autoroute, on le sait —, que nous allons quitter Montréal pour nous rendre à Québec. La route 132, qui longe le Fleuve pendant près de 300 kilomètres, s'est déjà appelée la Route des Seigneurs: les seigneurs en question, c'étaient des officiers du roi qui demeuraient dans la colonie et à qui on attribuait terres et titres. Boucherville, Varennes, Verchères, Contrecoeur, Tracy, Sorel naquirent de cette façon.

Première ville que l'on rencontre sur cet itinéraire: Longueuil, où d'ailleurs se rend le métro. La ville a ses affreux côtés champignon, mais garde aussi ses coquets anciens quartiers: un tour dans le Vieux Longueuil n'est pas à exclure, si l'on n'est pas trop pressé, notamment sur la rue Saint-Charles où se trouvent les splendides Ateliers du Vieux Longueil (boutiques, ateliers d'artistes et d'artisans dans une immense bâtisse de pierre entièrement restaurée). Puis c'est Boucherville, elle aussi ville industrielle et champignon mais elle aussi encore dotée d'un beau vieux quartier le long du Fleuve.

Varennes, Verchères et Contrecoeur ont vraiment de quoi séduire, avec leur belle allure de villages qui ont pris de la bouteille et du lustre, qui ont «bien vieilli». Si l'on fouille un peu, on découvre un hôtel où les gens de la place viennent discuter le coup, l'atelier d'un fabricant de barques ou celui d'un artisan, potier ou autre, une minuscule chapelle de pierre taillée. Bref, on recommande de passer doucement, si c'est possible: ça réjouit le coeur et l'oeil. À noter que depuis Boucherville, on peut voir, à deux pas de la rive, des îles où il peut être possible de se rendre et de camper, pour peu qu'on fasse un peu de bateau-stop au bon moment.

Plus loin pourtant, on «fait» dans le genre industriel. À l'embouchure de la rivière Richelieu, on arrive en effet à Sorel, célèbre, entre autres, pour ses chantiers navals. Spécialités du coin: le père Didace et son si beau Chenail du Moine, la gibelotte et certaines familles pas comme les autres! On peut s'arrêter dire bonjour.

La route rentre un peu à l'intérieur des terres pour passer à Yamaska puis à Pierreville, bien connue pour ses pompes et fourgons à incendie. Avis à tous ceux qui ont déjà rêvé d'être pompiers: on peut visiter. En quittant la route 132, on se rend, par la 226 nord, à Odonak, sur une réserve abénaquise: petite église, musée, artisanat (de la vannerie, faite selon une technique bien particulière).

Quelques kilomètres plus loin, c'est Nicolet, une petite ville qui eut naguère ses heures de gloire. Il a plu au ciel que, de son administratif et prospère passé, la ville ait gardé une bonne collection d'églises, de chapelles et de couvents.

Passé le pont de Trois-Rivières, on arrive à Bécancour (pont couvert, malheureusement situé sur une route très secondaire) puis à Gentilly. Au cas où ce nom ne ferait surgir aucun éclair dans votre tête, je précise qu'il y a là une centrale nucléaire qu'on visite de juin à septembre (les années où elle fonctionne, j'imagine) et une usine d'eau lourde que le fédéral a mis dans la balance de discussions aussi polies que chaleureuses avec le provincial, discussions qui portaient sur nos politiques énergétiques d'avenir.

Si vous préférez vous intéresser aux tomates de Manseau, il vous faudra, à Saint-Pierre-les-Becquets, quitter la route 132. Sinon, vous continuerez votre bonhomme de chemin dans l'un des plus beaux comtés agricoles du Québec, le comté de Lotbinière. À partir de Deschaillons jusqu'à Lotbinière vous découvrez ici et là de magnifiques maisons de pierre. La route vous réserve parfois des vues étonnantes sur le Fleuve et le trafic maritime. À noter: une belle plage sablonneuse sur les berges d'un fleuve où l'on ne se baigne plus à Deschaillons, et un bac pour Deschambault, à Lotbinière (horaire selon la marée; tarif: $0,50). À Sainte-Croix, petit centre industriel, la grosse cheminée qui pollue, c'est celle de la fonderie d'une famille bien connue.

Puis c'est Saint-Antoine-de-Tilly, avec son village et son église classée, ses «fonds», ses rangs, ses belles maisons et ses fraises fabuleusement bonnes. Agricole depuis toujours, Saint-Antoine s'est gagné, depuis moins d'une dizaine d'années, une population de nouveaux agriculteurs, non traditionnels et parfois d'origine européenne. Une petite fromagerie fabrique un bon fromage local.

Encore quelques kilomètres et nous voici à Saint-Nicolas, autrefois résidentiel et aujourd'hui tout juste banlieue de Québec, puis au pont de Québec.

Québec

On arrive à Québec par le boulevard Laurier, qu'on suit jusqu'à ce qu'il vous amène, tout bêtement et tout simplement, dans le centre ville. D'une façon générale d'ailleurs, le p.m. («pouceux» moyen) peut toujours trouver, où qu'il soit en banlieue ou presque, un autobus qui l'amènera dans le centre ville.

Mais rendu là, la situation ne se simplifie pas vraiment. À cause de son grand âge et de sa situation géographique particulière — comme le personnage de Vigneault, Québec a «le cul sur le bord du cap Diamant, les pieds dans l'eau du Saint-Laurent» —, la vieille ville n'est pas des plus géométriques. Il est donc préférable de renoncer au pouce et de voyager à pied, les distances étant la plupart du temps humainement franchissables de cette façon, ou en autobus. Deux choses toutefois à se rappeler quand on utilise ce moyen de transport: la monnaie exacte est exigée ($0,50) et le point névralgique du réseau se trouve carré d'Youville, c'est-à-dire aux portes du Vieux Québec.

C'est d'ailleurs, via la rue Saint-Jean, ce même carré d'Youville qui réunit le Quartier latin (la plus historique et la plus touristique partie de la ville) et le faubourg Saint-Jean-Baptiste (plus modeste et moins achalandé, plus «freak» aussi; on y trouve des cafés, des boutiques d'artisans et des petits commerçants marginaux).

Si vous êtes fatigué, «tanné», affamé, assoiffé ou avide de renseignements, n'hésitez pas: dirigez-vous vers la porte Saint-Jean, à l'une des extrémités du carré d'Youville, et rentrez «dans les murs». Vous y trouverez deux auberges de jeunesse, des lavoirs, des cafés, des restaurants, des terrasses, des bars, des espaces verts et des centres d'information: qu'est-ce qu'il vous faut de plus? La porte franchie, vous saluez au passage «le Chanteauteuil», le plus vieux bar de jeunes à Québec, et montez à droite la rue d'Auteuil: vous trouverez là l'Office municipal du Tourisme ou, si vous continuez jusqu'au Château

Frontenac (dites tout simplement «le Château»), le bureau du ministère québécois du Tourisme (sur la rue Sainte-Anne, dans un édifice où se trouve par ailleurs un magasin de la Société des alcools).

- Manger et boire

  Dans le quartier latin:

  Le Biarritz, rue Sainte-Anne, près de la rue d'Auteuil (restaurant-bar, repas complets à bon prix);

  Chez Temporel, rue Couillard (grosses salades, soupes nourrissantes);

  L'Orthodoxe, rue Saint-Jean (il y a des crêpes);

  Le Café latin, rue Sainte-Ursule (bon café, sous-marin, croissants);

  Le Café Rimbaud, rue Saint-Stanislas, à l'étage (fameux pour ses gâteaux);

  Le Café arabe, 20, côte du Palais, ouvert jour et nuit (situé en face de l'Hôtel-Dieu);

  Les Crêpes bretonnes, rue Saint-Jean (il faut s'attendre à attendre);

  le Bec fin, rue Saint-Jean (casse-croûte et bar);
  Dans le faubourg Saint-Jean-Baptiste;

  Le Cuistre, coin Lavigueur et Sainte-Marie (bonne cuisine, repas du jour);

  L'Envolée, rue Saint-Jean (cuisine végétarienne, tenu par des disciples de Maharadja);

  Le Carcajou, rue Saint-Jean;

  Le café Sainte-Julie, plus communément appelé chez Paul, rue des Zouaves (pas beau mais pas cher);

  Le Restaurant Diana, rue Saint-Jean (terriblement laid, mais on y mange bien et à peu de frais);

Les bons bars:

La plupart se situent sur la rue Saint-Jean ou dans les environs immédiats; plusieurs, du lundi au vendredi, servent un menu du jour, le midi; citons: le Chanteauteuil, le Figaro, l'Élite, la Cour, l'Ostradamus, le Sainte-Angèle et le Faubourg.

Parmi la multitude des brasseries: le Foyer, rue Saint-Jean (classique, de la réputation et de l'allure), le Gaulois (grosse clientèle) et Chez Baptiste (taverne traditionnelle recyclée, à tendance «freak»).

● Dormir à bon prix

En ville:

Le Centre international de séjour de Québec (voir appendice 1, p. 186) ouvert toute l'année;

L'Auberge de la paix (voir appendice 1, p. 186) ouverte l'été seulement;

Le Relais des jeunes voyageurs (voir appendice 1, p. 186) ouvert toute l'année;

L'Auberge Belle Étoile (voir appendice 1, p. 186) ouverte l'été seulement;

En banlieue:

Ermitage Lévis-Lauzon (voir appendice 1, p. 187) ouvert l'été seulement;

La Porte rouge (voir appendice 1, p. 187) ouverte l'été seulement.

Quoi faire — ou en tout cas quoi faire d'autre — à Québec? Pour ses centaines de milliers de touristes, Québec imprime chaque année une foule de dépliants indiquant les activités du moment. Il y a bien entendu le gros et célèbre Carnaval de

Québec (voir p. 239) début février, et en juillet tous les ans, le Festival d'été de Québec (voir appendice 3, p. 236), plus sympathique.

Côté spectacles et théâtres, en plus du Grand Théâtre et du Palais Montcalm (situé lui aussi sur le carré d'Youville), on peut mentionner le Café Hobbit, rue Saint-Jean, dans le quartier Saint-Jean-Baptiste, le Café Rimbaud et, rue Saint-Stanislas, le Théâtre du Vieux Québec. Pour le cinéma, on se rendra rue Cartier (cinéma du même nom), à vingt minutes de marche du Quartier latin: on y voit de bons films pour $2; en sortant, on peut aller faire un tour au Café Krieghoff, à deux pas de là.

Si l'on veut retremper ses racines dans le «Vitagrow» de notre histoire, Québec est bien sûr la station thermale tout indiquée. Une seule solution: faire le tour du Vieux Québec à pied. C'est beau, c'est stimulant, et même le petit «guide du vieux Québec à pied» ne coûte rien. Le Musée du Fort, sur la place d'Armes, vous permettra de voir comment s'est déroulée la bataille des Plaines d'Abraham, en 1759. Vous pourrez par contre vous dispenser du Musée de cire, tout à côté.

Ce que vous ne devriez pas oublier toutefois, c'est les Plaines d'Abraham elles-mêmes, espace vert splendide avec vue sur le Fleuve et haut lieu de l'historique Super Franco Fête de l'été 1974; de la place Royale, rénovée à coup de millions mais quand même intéressante à voir, et d'une balade, si possible romantique, sur les murs de fortification de la vieille ville.

Après tout, comme dit la publicité touristique, «Québec est la seule ville fortifiée en Amérique du Nord» . . .

Pour sortir de Québec

Vers Montréal ou Rivière-du-Loup et la Gaspésie:
autobus 11, le plus loin possible sur le boulevard

Laurier, puis franchir le pont Pierre-Laporte pour l'autoroute 20, ou le pont de Québec pour la route 132;

Vers Trois-Rivières: autobus 23 vers le boulevard Hamel et la route 138 jusqu'à la rue Jouvence; attention: cet autobus part du carré Jacques-Cartier; trois départs seulement par jour, à 7h15, 12h15 et 17h20;

Vers le nord et le Saguenay-Lac-Saint-Jean: autobus 30 au Parlement et au carré d'Youville, jusqu'au bout de la ligne, puis demander indications au chauffeur pour l'autoroute de Chicoutimi;

Vers Charlevoix et la Côte-Nord: autobus 53 à la gare du Roi, jusqu'au bout de la ligne.

Le Chemin du Roy

Le premier tronçon de la route 138, entre Québec et le Cap-de-la-Madeleine, est certainement le plus fidèle au premier tracé du Chemin du Roy, le plus historique et le plus beau aussi. Dans un paysage magnifique, avec vue sur le Fleuve en bien des endroits, le voyageur remarquera plusieurs vieilles maisons de pierre, malheureusement parfois dévalorisées par un développement résidentiel et commercial inconséquent. Dans presque toutes les églises des villages qu'il croise, se trouvent des peintures et des sculptures d'artistes québécois de bonne réputation.

Ce n'est qu'à Saint-Augustin, petit village tricentenaire, que débute véritablement le très beau Chemin du Roy. Mais déjà l'amateur de plein air sera-t-il peut-être tenté de le quitter, pour monter vers l'intérieur des terres: par la route 367 nord, il atteindra le lac Saint-Joseph et le centre d'interprétation de la nature de Duchesnay (trois magnifiques sentiers d'interprétation, très longues pistes de ski de fond et de raquette, l'hiver): une mise en garde toutefois, le centre de Duchesnay, si beau soit-il, est difficile d'accès sur le pouce.

Continuant sur la route 138, on passera bientôt Neuville, Donnacona, Les Écureuils, Cap-Santé où il y a fête au village (voir p. 237) début août, Portneuf où l'on peut visiter, la semaine, une petite papeterie, puis Deschambault où on visite également une ferme expérimentale. De grands vergers, un moulin à farine, des boutiques d'artisanat et d'antiquités, un bac pour Lotbinière (horaire selon la marée; tarif: $0,50) complètent les particularismes de Deschambault. À Grondines, ainsi nommée «parce que l'eau y fait grand bruit», on peut voir un ancien moulin seigneurial datant du XVIIe ainsi qu'un petit musée municipal. Puis c'est la Pérade, la capitale de la pêche aux petits poissons des chenaux, et Batiscan, d'où l'on peut se rendre par la route 361 à Saint-Narcisse: dans un site magnifique, on trouve les vestiges de ce qui fut sans doute le premier harnachement de rivière en Amérique du Nord; on peut faire du camping rustique à cet endroit.

Peu après Batiscan, une fois revenu sur le Chemin du Roy, on n'hésitera pas à s'arrêter au vieux presbytère, un bâtiment d'une beauté remarquable situé sur un terrain si vaste qu'on a pu y aménager une halte routière sans avoir l'air de l'amputer. Viennent ensuite Champlain et ses capitaines à la retraite, puis le Cap-de-la-Madeleine et ses pèlerins en pleine activité (l'été, récital d'orgue tous les dimanches à 15 heures et procession aux flambeaux tous les soirs).

Trois-Rivières

Importante ville industrielle — on la surnomme la capitale mondiale du papier — et siège d'une constituante de l'Université du Québec, Trois-Rivières peut être une étape sur la route d'un voyageur pas trop pressé. Et cela, d'autant plus qu'il peut trouver une auberge de jeunesse, «la Grande Allée», au Parc de l'Exposition; pour s'y rendre depuis le centre ville, prendre le boulevard des Forges nord et tourner à droite sur le boulevard Saint-Louis (voir appendice 1, p. 187).

À voir: le vieux Trois-Rivières que l'on visite à pied. Et peut-être, mais à une quinzaine de kilomètres à l'extérieur de la ville, le peu de chose qui reste des célèbres Forges du Saint-Maurice.

Quelques endroits de rencontre: le Touristique, taverne «freak» mixte, 1363, rue Hart (près de l'Hôtel de ville); l'Octave, un café «ben le fun» avec musique et spectacles de temps en temps. Et dans le genre Forges du Saint-Maurice, mais à l'inverse, Cosmos 2000, 1276, rue Sainte-Julie, la plus grosse discothèque au Québec, avec piste de danse en stainless steel et éclairage fourni par 60 000 globes électriques... Et puisqu'on est dans l'éclairage, mentionnons le cinéma Lumière, 323, rue des Forges, cousin germain de l'Outremont à Montréal et du Cartier à Québec. L'été, des spectacles d'animation sont présentés sur la place de l'Hôtel de ville.

65

Et l'on reprend une nouvelle fois la route, toujours en longeant le Saint-Laurent. On passe Yamachiche — l'un des plus jolis noms de village au Québec, sonore comme un baiser — puis Louiseville, dont l'intérieur des terres ne manque pas de beauté. À Berthierville, un pont conduit jusque sur l'île de Saint-Ignace, d'où un traversier conduit à Sorel (départ toutes les heures, 24 heures par jour; tarif: $1,60) et donne l'occasion d'une arrivée spectaculaire dans ce port industriel.

Mais tel n'est pas notre chemin. Continuant sur la rive nord du Saint-Laurent en direction de Montréal, nous passons à Lanoraie, Lavaltrie, Saint-Sulpice. À Repentigny, c'est déjà la banlieue, tellement qu'on se retrouve déjà sur une autre île, l'île de Montréal: c'est Pointe-aux-Trembles, Montréal-Est et ses raffineries de pétrole, Montréal...

Ce premier voyage au Québec est déjà fini. Demain, nous partirons plus loin.

Deuxième circuit
Sur la piste des chercheurs d'or et des draveurs

Les Laurentides, l'Abitibi et le Témiscamingue, Chibougamau et Saint-Félicien, la Mauricie   • Départ de Montréal

Au moins 2 120 kilomètres, 3 à 5 semaines

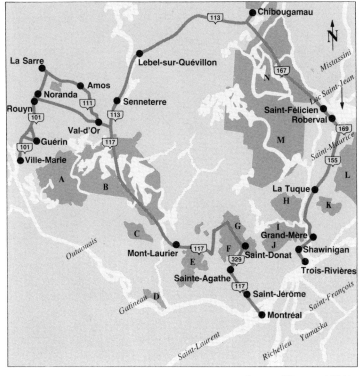

Parcs et réserves

A Kipawa	F Sainte-Véronique	K Portneuf
B Réserve de La Vérendrye	G Parc du Mont-Tremblant	L Laurentides
C Pontiac	H Réserve du Saint-Maurice	M Haute-Mauricie
D Gatineau	I Parc de la Mauricie	N Réserve de
E Réserve Papineau-Labelle	J Mastigouche	Chibougamau

0   90   180 Km

67

Sur la piste des chercheurs d'or et des draveurs

Ce deuxième circuit de découverte du Québec sur le pouce n'est certainement pas le plus banal ni le plus classique. On parle bien sûr souvent des Laurentides, que les Montréalais appellent tout bonnement «le Nord». Mais qui va faire du tourisme en Abitibi ou au Témiscamingue? Qui se rend, pour le plaisir de se sentir loin et ailleurs, jusqu'à Chibougamau mis à part Charlebois et sa douloureuse Dolorès? Qui descend la merveilleuse vallée de la Saint-Maurice, entre le lac Saint-Jean et Trois-Rivières?

Pourtant, le déplacement vaut vraiment la peine. Pour le dépaysement, pour le plaisir de la découverte de régions hautes en couleurs, de populations chaleureuses, de paysages toujours attachants, rudes en Abitibi (rappelez-vous Raoul Duguay . . .) ou verdoyants au Témiscamingue. Et aussi pour cette sensation, une fois dépassées les Laurentides bien entendu, de ne plus voyager dans des «places à touristes»: à Guérin, au fond du Témiscamingue, on couche au presbytère et on se sent loin, dans tous les sens du mot, de cet autre bout du Québec qu'est Percé . . .

Pour aller à Val-d'Or, ce circuit emprunte la route la plus directe, soit la 117, et commence donc par les Laurentides. Le voyageur moins pressé pourrait emprunter la route 148 jusqu'à Hull, et de là remonter vers le nord par Maniwaki (vallée de la Gatineau) ou continuer de longer l'Outaouais jusqu'au lac Témiscamingue, tantôt du côté québécois et tantôt du côté ontarien de la rivière.

Les distances
(par les routes les plus directes)

Montréal — Mont-Laurier: 233 km

Mont-Laurier — Val-d'Or: 297 km

Val-d'Or — Val-d'Or (via Rouyn, Ville-Marie, Macamic et Amos): 584 km

Val d'Or — Chibougamau: 411 km

Chibougamau — Trois-Rivières (via Saint-Félicien): 595 km

Total du deuxième circuit: 2 120 km

Pour sortir de Montréal
voir circuit 1, bloc Montréal, page 51.

Jonctions avec d'autres circuits
à Saint-Félicien et à Trois-Rivières
avec le circuit 3 (voir page 108)
avec le circuit 1 (voir page 64).

Les Laurentides

Officiellement, elles commencent aussitôt franchie la rivière des Mille-Îles, à Rosemère. Pour les gens de la région pourtant, les usines de la General Motors à Sainte-Thérèse ne sont pas vraiment dans les Laurentides, pays de montagnes, de lacs, de joie de vivre et de loisirs. Ce serait seulement à Saint-Jérôme qu'elles commenceraient. De fait, ce n'est qu'après cette petite localité, surnommée d'ailleurs «la porte des Laurentides», qu'on commence à percevoir les reliefs qui font le charme de la région, été, automne et hiver.

Réservoir de plein air des Montréalais — et bien souvent des Montréalais les plus aisés —, les Laurentides constituent un bon cas de région touristiquement «sur-développée». Avec les inconvénients qui peuvent en découler pour le voyageur «ordinaire»: tout est commercial ou presque, tout s'achète et tout se vend; de plus, l'espace est à toutes fins pratiques entièrement «privatisé» à un point tel que rares sont les accès publics aux multiples lacs magnifiques qui donnent à la région son charme si particulier.

Qu'importe: le paysage est suffisamment intéressant pour qu'on passe par là, surtout en empruntant la route 117 plutôt que l'autoroute. Par ailleurs, certains services municipaux (camping, plages, sentiers de randonnée) et quelques auberges de jeunesse permettent de goûter aux Laurentides à des prix abordables, comme le permet d'ailleurs le parc du Mont-Tremblant.

À Saint-Jérôme, où l'on ne fait souvent que passer, peu de chose à faire ou à voir. Il y a un cégep et, dans le centre ville, le parc Labelle: les jeunes s'y retrouvent, en compagnie de la statue du rondouillard curé Labelle (1833-1891) et à deux pas d'une bonne brasserie: *le Coq d'or en bas*.

Plus loin, c'est Sainte-Adèle — P.Q. bien entendu —, commerciale et ruineuse où se trouve pourtant une auberge de jeunesse: l'Auberge Léo-Lagrange (pour détails, voir appendice 1, page 188).

Viennent ensuite Val-Morin (Auberge de jeunesse Saint-Sauveur, voir appendice 1, page 188) et Val-David, sans doute l'une des localités les plus sympathiques de la région, avec ses nombreuses activités artisanales et artistiques, ses campings et sa plage, privés, et ses activités de plein air, dont l'escalade des monts Condor, Césaire et King. À noter qu'à une dizaine de kilomètres de là, mais hors circuit, la petite municipalité de Sainte-Marguerite-du-Lac-Masson organise, généralement en août, son festival d'été, «la Farandole».

À Sainte-Agathe-des-Monts, «la métropole des Laurentides», on trouve un terrain de camping municipal et une plage publique, sur le lac des Sables. C'est aussi à partir de Sainte-Agathe, distante de Montréal de presque une centaine de kilomètres, qu'on commence à perdre les enseignes de restaurants, de bars, de motels et de mini-putt, et à mieux voir le paysage splendide des Laurentides. Bref, qu'on commence vraiment à voyager . . .

De Sainte-Agathe, on peut continuer sur la route 117 vers Saint-Faustin, d'où l'on accède normalement au parc du Mont-Tremblant, et Saint-Jovite, la dernière des grandes cités de villégiature des Laurentides où se rende l'autoroute. Mais on peut aussi quitter la route 117 tout à fait à la sortie de Sainte-Agathe, pour prendre, à droite, la route 329, en direction de Saint-Donat. C'est par cette route que l'on sortira des sentiers battus, que l'on pénétrera dans des paysages de forêts, de montagnes et de lacs encore relativement intacts. De plus, deux autres auberges de jeunesse (voir appendice 1, page 188) se trouvent sur ce chemin: l'Auberge des travailleurs, à Sainte-Lucie (à deux kilomètres de Sainte-Agathe sur la route 329, tourner à droite vers Sainte-Lucie), et l'Auberge La Cabouse, à Saint-Donat (en arrivant sur la route 125, tourner à droite et non pas à gauche vers le village). Pour donner un exemple de ce que peuvent être ces auberges de séjour dans les Laurentides, j'ai choisi La Cabouse, qui est ouverte toute l'année.

• L'Auberge La Cabouse, Saint-Donat
(voir appendice 1, p. 188)

Quelques kilomètres avant Saint-Donat, un chemin conduit de la 125 à l'Auberge, située au bord d'un très beau lac, à deux kilomètres environ de la route principale. La Cabouse occupe un camp de chasse et de pêche désaffecté et offre 125 places. Réservations: pas nécessaires la semaine; conseillées la fin de semaine (une semaine d'avance l'été, deux ou trois l'hiver). Le site est remarquable, avec ses quatre lacs et sa douzaine de kilomètres carrés de territoire; à noter d'ailleurs que Saint-Donat est la plus haute localité des Laurentides (altitude: 472 m), les montagnes environnantes atteignant 899 m.

Tarifs: $8 par jour, y compris la chambre, les trois repas et les activités sur le terrain; léger supplément dans le cas de certains stages spécialement organisés par l'Auberge; on peut camper, mais le tarif demeure le même. La Cabouse est ouverte aux 18 ans et plus, individus ou groupes. *Parmi les activités d'été, mentionnons:* canotage sur les lacs et rivières (excursions de deux jours, sept jours, neuf jours, un mois; tout le matériel, sauf celui de camping léger est fourni), la voile (stages d'initiation, de perfectionnement ou de compétition), l'escalade, la randonnée en forêt, le rallye orientation, l'initiation à l'écologie, la baignade, le camping, la bicyclette, les sports collectifs, et les activités socio-culturelles. *Durant l'hiver les activités sont:* le ski alpin, le ski de fond, la raquette, le ballon-balai, la trappe, les randonnées en traîneaux à chiens et aussi les soirées à la boîte à chanson!

Après un séjour d'une ou plusieurs journées à La Cabouse, certains y restent même plus longtemps, on reprendra la route 125 vers le nord et le parc du Mont-Tremblant situé à moins de 10 kilomètres du village de Saint-Donat (voir appendice 2, p. 199). Avec ses 2 564 kilomètres carrés, ses 985 lacs, ses sept rivières et ses nombreux ruisseaux et cascades, ce parc constitue un espace vert de première importance pour le public en général, et pour les jeunes voyageurs en particulier. Ses plus hauts sommets atteignent 850 mètres. Certains points de vue, comme le belvédère de la chute aux Rats par exemple, valent bien la balade. La faune et la flore sont aussi variées que les activités qu'on peut y pratiquer. On y trouve une grande quantité de sites de camping rustique et, aux entrées de Saint-Donat et de Saint-Faustin, de camping aménagé (pour plus de détails sur le parc du Mont-Tremblant, voir appendice 2, page 199).

En entrant dans ce parc, et cela est d'ailleurs vrai pour tous les parcs provinciaux, il est recommandé à l'auto-stoppeur de s'inscrire comme piéton, de façon à ce que l'automobiliste qui le transporte et celui qui le transportera à sa sortie du parc n'aient pas de problèmes avec les gardiens de barrières (chaque véhicule doit en principe entrer dans un parc et en sortir avec le même nombre de passagers).

Une fois sorti du parc, on passe par Mont-Tremblant pour rejoindre la route 117 à Saint-Jovite. À l'entrée du village, un petit restaurant devant lequel sont arrêtés de nombreux camions — un signe qui ne trompe pas l'habitué de la route: la nourriture sera bonne, simple, abondante et à bon prix. Et l'on pourra toujours essayer de demander un pouce à l'un des camionneurs . . .

On continue vers le nord, via Labelle (encore le curé, qui cette fois a volé à ce village son premier nom, bien joli pourtant, de «Chute-aux-Iroquois»), L'Annonciation et Mont-Laurier, qui s'est déjà appelé «Rapide-à-l'Orignal» parce qu'un de ces animaux, poursuivi et affolé, y aurait fait un bond de trente-huit mètres.

De quoi nous faire sortir des Laurentides . . .

L'Abitibi et le Témiscamingue

Cette région vraiment pas comme les autres — le voyageur a le coup de foudre ou pas — commence à la façon d'une autre région québécoise pas comme les autres non plus, le Saguenay-Lac-Saint-Jean; par une barrière de forêt et d'eau, par un parc immense et magnifique. Pour l'Abitibi-Témiscamingue, c'est de la réserve de La Vérendrye dont il s'agit.

- ● La réserve de La Vérendrye

   La route 117 traverse cette réserve sur près de 200 kilomètres. Là aussi, le voyageur ne regrettera pas d'avoir prévu un arrêt. Car la réserve de La Vérendrye, c'est d'abord de l'eau, de l'eau en quantités impressionnantes: elle s'étend en effet jusqu'à la tête des eaux de cinq grands bassins hydrographiques, ceux des rivières Outaouais supérieure, Gatineau, Dumoyne, Coulonge et Nottaway. C'est donc l'endroit rêvé pour le canot-camping: un circuit balisé de 805 kilomètres vous y attend! Tout le long de ce circuit, des sites de camping rustique ont été aménagés, à vous donner des ivresses de bout du monde ... Il est possible, avec un peu de chance toutefois car ils sont très demandés, de louer un canot au Domaine (le premier relais du ministère, une soixantaine de kilomètres après l'entrée sud). *Coût:* $2 par jour pour le camping rustique, plus $4 par jour pour le canot; un dépôt de $25 par canot est exigé, qui sera remis si le matériel est rapporté en bon état (voir appendice 2, p. 203). Même sans faire de canot d'ailleurs, l'expérience du camping rustique en vaut la peine: il en existe plusieurs sites à proximité immédiate de la route, et quelques-uns à des distances qui ne peuvent faire peur à un bon marcheur (se procurer la carte de la réserve au poste d'accueil).

Puis c'est l'Abitibi, la fabuleuse Abitibi! On se ferme les yeux et on commence par écouter Raoul Duguay:

Môé j' viens d' l'Abitibi
môé j' viens d' la Bittt à Tibi
môé j' viens d'un pays
qui pôusss dans le nôrd
môé j' viens d'un pays
kia un ventre en ôr
môé j' viens d'un pays
ôusss ki neige encôr . . .

Car l'Abitibi, à un demi-millier de kilomètres de Montréal, c'est un autre univers. Un autre pays, un Québec qui ne connaîtrait pas le Saint-Laurent et son histoire.

L'Abitibi, c'est bien sûr l'eau et la forêt, une forêt que les trappeurs et les commerçants de fourrures connaissent eux, depuis plusieurs siècles, une forêt aujourd'hui sous-exploitée mais qui participe tout de même à la richesse de la région.

L'Abitibi, c'est aussi la folle aventure de la colonisation: débuts tardifs et lents, retour à la terre massivement encouragé par les gouvernements dans les années qui ont suivi la Crise de 1929, terres péniblement défrichées et souvent ingrates, mais dont moins de 50% sont aujourd'hui cultivées.

L'Abitibi, c'est surtout les mines, le cuivre, l'or, le zinc, l'argent, le nickel, etc. C'est en 1911 que l'aventure commence, quand un prospecteur, Edmund Horne, découvre un fantastique gisement de cuivre et d'or près du lac Osisko, sur ce qui est aujourd'hui l'emplacement de Noranda. Plus d'une centaine de mines ont depuis lors été ouvertes ici et là dans la région, mais les ressources s'épuisant, il n'en reste pas une trentaine en activité aujourd'hui. Même la fonderie de la Noranda ne traite plus que des minerais importés, la célèbre mine Horne ne fournissant plus de cuivre depuis 1972. L'activité minière continue toutefois, notamment en se déplaçant vers le nord — comme d'ailleurs semblent se déplacer les grands axes de développement de cette région, aujourd'hui devenue la porte d'entrée de la baie de James.

Val-d'Or: première ville d'Abitibi sur notre parcours. Tout de suite, c'est le dépaysement. Cette ville qui n'a pas cinquante ans a déjà son quartier historique: le village minier de Bourlamaque dont toutes les maisons, toujours belles et solides, sont faites en bois rond (le village minier se trouve à l'entrée de Val-d'Or: tourner à gauche sur la rue Saint-Jacques). Tout au bout de cette même rue Saint-Jacques, à deux coins de rue du village minier, l'auberge de jeunesse de Val-d'Or.

- L'Auberge d'amitié
  (voir appendice 1, p. 189)

  L'auberge est petite (une vingtaine de lits) mais, comme on dit, «on s'arrange toujours». Entièrement tenue par des jeunes, l'Auberge d'amitié se surnomme JEB — ce qui veut dire «jeune entreprise du bonheur». C'est une auberge de passage, mais on y organise quelques activités: soirées d'animation, cinéma, prêt de bicyclettes pour visiter la ville ou les environs, projet d'une serre de production maraîchère. *Tarifs:* $1,50 par nuit; petit déjeuner pour $0,75 et repas complets pour $1,25.

À voir également à Val-d'Or: «la troisième». La 3e Avenue, c'est «la main», la rue principale. Et quelle rue! Tellement extraordinaire — large, grouillante, commerciale, publique — qu'on la dirait faite pour le cinématographe. Tout y est, sauf le magasin de la Société des alcools, bêtement perdu sur la 4e ... Autres points d'intérêt: l'Hôtel du Peuple et sa boîte à chanson, «l'Accoutumance»; la plage municipale gratuite du lac Blouin et tous les ans en octobre, le gros Festival de l'Orignal.

Plus loin sur la route 117, on passe à Malartic, un important centre d'extraction de l'or. La rue principale, large comme une autoroute, n'est pas le paradis du «pouceux». Et si d'aventure on doit rester à Malartic, on peut toujours aller visiter le musée minier (de 9h à midi et de 13h à 17h): la descente simulée dans la mine, les maquettes grandeur nature qui en expliquent l'exploitation et le matériel qui est exposé valent le détour et les $2. À la sortie ouest de Malartic se trouve le camping régional et, à une vingtaine de kilomètres vers le sud (hors circuit), la base de plein air du lac Mourier qui, malheureusement, n'est normalement ouverte qu'aux groupes.

Prochaine étape abitibienne: Rouyn-Noranda, «les villes jumelles» comme on le dit ici. La première, Rouyn, est commerciale et administrative; on y retrouve, entre autres, le seul cégep que compte l'Abitibi et un campus de l'Université du Québec. La seconde, Noranda, est industrielle, comme viennent le rappeler les deux imposantes cheminées de la Noranda Mines (visite gratuite des installations de surface tous les jours, de 8h à 16h; renseignements additionnels: tél.: 762-7764). En plus de cette visite d'une des plus importantes fonderies de cuivre au monde, on pourra se promener dans le centre ville de Rouyn et sur les bords du lac Osisko où l'on voit une bâtisse en bois rond construite en 1924 et qui fut le premier bureau de poste.

Toujours à Rouyn, mais sur le lac Kiwanis cette fois, en face du centre d'achats Place Rouanda (pour *Rou* yn et Nor*anda* . . .), se trouve la plage municipale. C'est en pleine ville. Et c'est gratuit.

Mais le centre d'intérêt, pour le voyageur, n'est pas vraiment là. Il est à l'entrée de la ville, quand on arrive de Val-d'Or. Dans Rouyn, la route 117 prend le nom d'avenue Larivière. Dans cette partie est de l'agglomération, tout près du cégep, on trouve «la Maison québécoise», le seul endroit où l'on puisse boire sur une terrasse à Rouyn, et «la Boîte à Champlain», une sympathique boîte à chansons et à jeunes; toutes deux se trouvent sur l'avenue Larivière même. Non loin de là, sur la rue Reilly, à quelques centaines de mètres de son intersection avec l'avenue Larivière, c'est «la Maison coopérative» et l'auberge de jeunesse.

- • La Maison coopérative
  et l'Auberge des Chasses-Galeries
  (voir appendice 1, p. 189)

  L'auberge de jeunesse de Rouyn est une auberge de passage ouverte l'été seulement. Même si elle ne compte que 25 chambres, dont beaucoup sont individuelles, elle n'est jamais très encombrée, les voyageurs n'étant pas trop nombreux en Abitibi. *Tarif habituel des auberges:* le coucher avec sac: $1,50 par nuit; sans sac: $2; petit déjeuner: $1; repas (soir seulement): $1,50. Possibilité de faire sa cuisine à l'heure des repas, ou de monter au restaurant de la Maison coopérative. Car l'un des attraits de cette auberge de jeunesse, c'est justement d'être située dans la Maison coopérative, une vaste bâtisse où sont regroupés bon nombre de mouvements populaires de Rouyn: la radio communautaire, le bar de la Maison coopérative (chansonniers les fins de semaine), les A.F.E.A.S., le comité des citoyens à faible revenu et même, la Coop funéraire; tout près de là se trouve de plus le Club alimentaire coopératif. C'est donc à la Maison coopérative que «ça se passe», notamment pendant les Fêtes de la Saint-Jean-Baptiste — qu'on aime tout particulièrement célébrer à Rouyn. À l'Auberge des Chasses-Galeries, même si elle n'est qu'une auberge de passage, on pourra vous indiquer comment organiser, en collaboration avec la base de plein air du lac Dufault (environ 7 km après Noranda nord, sur la route 101), une fin de semaine de canot-camping à un prix raisonnable.

Aussitôt quitté Rouyn en direction de l'ouest par la route 117 (emprunter la rue Gamble, qui passe devant le centre d'achats Place Rouanda), on entre dans le Témiscamingue.

Le contraste est saisissant.

À la place des paysages de roche et de mines qu'on a jusqu'à maintenant rencontrés, c'est à une campagne de belle allure qu'on a affaire. On voit des fermes, des cultures, des animaux au pâturage. Un peu plus loin, c'est le bois qui commence, mais un bois de feuillus et de beaux conifères. Plus au sud, les fermes se feront même cossues et les points de vue sur le lac

Témiscamingue, magnifiques. Après l'Abitibi, il y a quelque chose de merveilleux dans cette douceur de bout du Québec.

Le circuit proposé ici s'arrête à Ville-Marie, une petite bourgade gentillette (ah! cet hôtel de ville en pierres des champs . . .) au bord d'un lac extraordinaire. Tout près de Ville-Marie, mais relativement difficiles d'accès pour l'auto-stoppeur (sauf s'il y va camper), le Fort Témiscamingue, le très particulier boisé du Vieux Fort et le camping de la Forêt enchantée qui, racheté par le gouvernement du Québec, devrait rouvrir en 1978.

Site historique tenu par le gouvernement fédéral, Fort Témiscamingue est un site historique, point. Du Vieux Fort lui-même — l'un des premiers postes de traite des fourrures de la région, à la fin du XVIIᵉ siècle —, il ne reste pratiquement rien. Une grande tente abrite une petite exposition du style «évocation de ces hommes qui ont bâti le Canada»... Ceci dit, le site (au sens naturel du mot) est absolument remarquable et qui plus est, très bien aménagé et entretenu. On peut piqueniquer sur la plage de beau sable, s'y baigner et, pourquoi pas, rêver castors et expéditions à la baie de James en y dormant à la belle étoile.

Contigu à Fort Témiscamingue: le boisé du Vieux Fort, que certains appellent aussi la Forêt enchantée de Ville-Marie. Les cèdres de ce petit bois (il s'agit en fait de thuyas et non pas de cèdres), dont les troncs sont tordus de bien curieuse façon, créent un décor quasi surréaliste, qu'on dirait sorti tout droit des cartons de Walt Disney.

À moins d'un kilomètre de là par la côte — fort rocheuse à cet endroit il faut dire —, le camping de la Forêt enchantée. Le sous-bois et la petite plage en sont très agréables, mais la façon la plus normale d'y accéder est tout de même de partir de Ville-Marie (à la sortie sud, tourner à droite près du motel Caroline et faire 4 à 5 km dans cette direction).

De Ville-Marie, notre circuit remonte vers le nord, en direction de Noranda (où l'on ne fera que contourner les installations de la compagnie minière), de Macamic et d'Amos, notre dernière étape abitibienne. Mais avant de quitter le Témiscamingue, un arrêt, un détour qui à lui seul pourrait bien valoir tout le voyage: Guérin, un tout petit village situé à 8 kilomètres de la route principale (la 101), près de Nédelec.

• Guérin

À Guérin, le presbytère s'appelle «l'Oasis» et le curé en a perdu la clef: chez Donat Martineau, le curé septuagénaire qui a de la jeunesse à revendre, les portes sont en effet toujours ouvertes et l'on peut accueillir de quinze à dix-huit personnes. Le matin, on fait ses toasts et son café dans la grande cuisine, en bas. Pour loyer, on laisse ce qu'on peut ou ce qu'on a.

Et l'on vit à Guérin.

Paroisse dite «marginale» et que les planificateurs destinaient à mourir à petit feu, Guérin n'est plus aujourd'hui un village comme les autres. Devenu un V.V.F. (un village Vacances-famille) sous l'impulsion de son extraordinaire curé, Guérin est aujourd'hui un exemple de vitalité, d'enthousiasme et d'optimisme. Quand des groupes s'annoncent, on leur sert les repas au Centre communautaire. En d'autres temps, c'est au restaurant-bar-salon, «Chez Ti-Louis», qu'on mange. Et si l'on veut se faire la cuisine, c'est à l'épicerie coopérative qu'on va faire son marché.

En plus de ce climat bien particulier, de cette merveilleuse hospitalité, de cette ambiance originale, en plus aussi de la tranquillité qu'on trouve dans ce village d'une vingtaine de maisons — dont plus aucune n'est vide, précise-t-on avec fierté —, on découvre avec intérêt le «musée de plein air» que les gens de Guérin ont constitué à partir «de ce qu'ils sont et de ce qu'ils ont»: animaux empaillés, petits souvenirs historiques, objets et vêtements liturgiques, atelier de menuiserie, forge, curiosités géologiques, richesses architecturales locales, mobilier d'époque constituent les diverses facettes de cet hétéroclite musée de l'homme de Guérin.

On prend aussi sa part d'activités de plein air à
Guérin. On part à bicyclette ou à pied, en ski ou en
raquettes. On se rend en excursion jusqu'aux lacs du
voisinage ou jusqu'au barrage de l'Hydro-Québec, au
Rapide-des-Îles. L'été, on pêche le brochet et la
truite. L'automne, on chasse la perdrix ou l'orignal.
L'hiver, on trappe.

Et tout cela, toujours, avec les gens de Guérin qu'on
apprend à découvrir et à aimer. Comme ce «pouceux venu de Montréal qui est resté... un an à
«l'Oasis» et a fini par se marier avec une Guéri-
noise!

Quand on réussit à quitter Guérin, on emprunte de préférence
la route 101 nord pour continuer le circuit. On retraverse
Nédelec (qui fut acheté aux Indiens il n'y a pas si longtemps,
à l'occasion d'un référendum où les futurs acheteurs avaient
fait largement couler l'eau-de-feu...), puis Rollet et son très
typique magasin général. Quand la route 101 rejoint la 117,
on peut faire un détour pour se rendre jusqu'au mont Chaudron,
situé près de la route 117, à moins d'un kilomètre de la frontière ontarienne. On pourra y faire du camping sauvage et
l'escalader en empruntant le chemin qui conduit à son sommet,
le long du «pierrier»: une marche de santé et, une fois rendu,
un coup d'oeil assez fantastique.

On reprend la route 117 jusqu'à Noranda, qu'il faut contourner
pour rejoindre la route 101 nord. On se retrouve en Abitibi,
mais dans une Abitibi plus douce que celle qu'on a déjà
connue. À Macamic, prendre la route 111 en direction d'Amos.
Mais une vingtaine de kilomètres avant Amos, on peut faire un
autre détour en quittant la route principale à Villemontel pour se
rendre au lac Berry (à 18 km vers le nord, par une route de
gravier pas trop déserte, notamment les fins de semaine).

- Le centre d'interprétation
  de la nature du lac Berry

Comme tous les centres d'interprétation de la nature
que le ministère des Terres et Forêts a ouverts (mais
ils ne sont pas très nombreux), le centre du lac
Berry vaut le déplacement. Au pavillon central, le
visiteur apprend les choses les plus importantes sur
le milieu qu'il découvre ensuite le long de sentiers
passionnants à parcourir. Ici, c'est avec la forêt
abitibienne qu'on fait connaissance, avec le pin
gris et les tourbières, avec aussi le kalmia, cette
petite plante à fleurs roses caractéristique du sous-
bois de pin gris.

Tout près du centre en question, un terrain de camping, fort bien situé près de la belle plage du lac Berry.
Comme ce terrain est géré par le ministère des Terres
et Forêts, on y plante sa tente gratuitement, coutume
qui disparaîtra quand le ministère du Tourisme le
prendra en main.

Puis c'est Amos, «le berceau de l'Abitibi» puisque ce fut la
première municipalité de la région à recevoir son incorporation.
C'était en 1914, au début d'un conflit mondial pendant lequel
les Néo-Canadiens d'origine autrichienne furent incarcérés
tout près d'Amos, dans un bâtiment qui existe encore aujour-
d'hui, «la Ferme». Près d'Amos, on peut visiter le village
algonquin de Pikogan et sa chapelle décorée à l'indienne (3 km
à l'ouest de la ville) et séjourner à la base municipale de plein
air, sur le lac Beauchamp (à 8 km d'Amos, par la route 395,
bien fréquentée). Intérêt non négligeable de cette base de plein
air: toutes les activités y sont gratuites, depuis la voile jusqu'au
tir à l'arc, en passant par le canotage, le ski nautique, la promenade en chaloupe et la baignade. On ne peut pas camper
sur la base même, mais il est possible de le faire sur le terrain
voisin, celui du restaurant du Lac ($2,50 par nuit).

Et l'on ferme la boucle abitibienne en retournant à Val-d'Or, toujours par la route 111 (la route 386 qui coupe à travers les terres pour rejoindre Senneterre est trop peu fréquentée pour être recommandée aux «pouceux»). À Val-d'Or, on retrouve «la route de l'Abitibi», comme on dit quand on part de Montréal, soit la 117. Notre circuit, on le sait, suggère maintenant au voyageur une aventure encore plus nordique: le grand détour par Chibougamau (même si Chibougamau n'est jamais que le sud de l'immense Nouveau-Québec). Mais il faut dire que les presque 400 kilomètres qui séparent la jonction des routes 117 et 113 de Chibougamau ne sont pas nécessairement faciles à faire en auto-stop. Un conseil donc: si l'on décide de «monter à Chibougamau», prendre la route tôt le matin et ne monter qu'avec un automobiliste qui se rend jusqu'à la destination finale. On peut mentionner aussi Lebel-sur-Quévillon, magnifique petite ville entièrement planifiée mais également d'accès difficile pour les auto-stoppeurs.

Car sur cette route, aujourd'hui pratiquement toute asphaltée, on ne rencontrera à peu près personne. Pendant des kilomètres et des kilomètres, on roule sans rien voir d'autre que la forêt. Là, de l'épinette noire, maigrelette. Ici, un brûlé où déjà repousse le peuplier faux-tremble. Ailleurs, une coupe à blanc d'une compagnie de bois. De temps à autre, mais très rarement, un semblant de village, souvent indien. C'est la solitude. Magnifique. Silencieuse. C'est sans doute d'abord et avant tout pour sentir ça — la forêt, la route rectiligne, mamelon après mamelon, l'espace — et pour être pris du vertige de l'immensité québécoise, qu'il vaut le coup d'aller à Chibougamau.

Quant à Chibougamau même, c'est une ville bien ordinaire, toute neuve, comme n'importe quelle banlieue — sinon qu'on a cette bizarre sensation d'être au nord, d'être loin. Et d'être exactement à la frontière de l'Abitibi qu'on quitte, et du Lac-Saint-Jean où l'on arrive . . .

Le parc de Chibougamau
et la vallée de la Saint-Maurice

Entre Chibougamau et Saint-Félicien, à l'embouchure de la rivière Chamouchouane, sur le lac Saint-Jean, la route 167 traverse un autre parc du gouvernement du Québec, le parc Chibougamau (voir appendice 2, page 204). La circulation y est nettement plus dense que de l'autre côté de Chibougamau, attestant des liens de toutes sortes qui unissent cette ville à la région du Lac-Saint-Jean.

De Saint-Félicien à Chambord, c'est un premier contact avec le lac, beau comme une mer intérieure. C'est aussi un retour à une région peuplée, active, où l'homme est partout présent. Pour cette partie du voyage, se reporter au circuit numéro 3, page 93.

À Chambord, le voyageur quitte le lac Saint-Jean pour prendre la route 155 qui, plus de 300 kilomètres plus loin, l'amènera à Trois-Rivières. Et jusqu'à Grand'Mère et Shawinigan, c'est sans doute l'un des plus beaux paysages de ce circuit (sinon de tout le Québec) qu'on a l'occasion d'admirer.

De Chambord à La Tuque en effet, la route paresse, sinueuse, dans une merveilleuse forêt, tantôt de feuillus, tantôt de résineux. Après La Tuque, le paysage devient plus féérique encore. La route longe la Saint-Maurice, étonnamment large et étonnamment encombrée de «pitoune», de ce bois qui sera ainsi transporté jusqu'à la capitale mondiale du papier journal, Trois-Rivières. Taillée dans le roc, cette route offre parfois des panoramas à couper le souffle, entre rivière et montagne. L'eau, dans ce pays de bois et d'eau, l'eau sourd de la roche ici et là, en multiples ruisseaux et cascades. À noter que cette route, qui est celle du lac Saint-Jean et de Chibougamau, est très fréquentée.

Sur cette route, quand on «descend» du lac Saint-Jean, on rencontre d'abord La Tuque, petite ville industrielle noyée sous la fumée, étouffante, de la C.I.P.: parc avec «plage» en plein centre ville, mais la «plage», et pour cause, est fermée au public; gros camping municipal très achalandé, avec vue sur la rivière, petit train pour la visite, discothèque et j'en passe; auberge de jeunesse de passage (Auberge de la Haute-Mauricie: voir appendice 1, page 189).

Plus loin, la route longe le parc national de la Mauricie et le parc du Saint-Maurice (voir appendice 2, pp. 205-207), avant d'arriver à Grand'Mère, puis à Shawinigan, une grosse cité industrielle sans centre ville: ici en effet, on parle de la haute et de la basse ville, tout simplement.

Shawinigan, c'est la ville du bois — les billots, toujours les billots —, de l'aluminium et, bien sûr, de l'électricité. C'est aussi le berceau de l'industrie chimique québécoise. Petite ville très vivante, et de façon quasi surprenante même, Shawinigan possède un centre culturel des plus actifs, qui présente toute l'année quelque trois cents manifestations de tous genres. Fin juillet et août, au centre culturel, c'est le maintenant tradition-nel «Carrefour des arts de la Mauricie», un festival multidis-ciplinaire professionnel, semi-professionnel et amateur dont on entend de plus en plus parler. À noter qu'il est possible, si besoin est, d'installer son sac de couchage au centre culturel même: ce n'est pas une auberge, mais un endroit de dépan-nage que l'animateur du centre ouvre volontiers aux jeunes qui passent par là. Ils y trouvent un toit, des douches et des toilettes. Et même la piscine ouverte de Shawinigan, qui est à l'intérieur de l'édifice du centre culturel. Il existe aussi une auberge de jeunesse ouverte toute l'année, celle du parc national de la Mauricie (voir appendice 1, page 189).

À Shawinigan, on trouve plusieurs parcs et terrains de sport ouverts au public, dont un parc sur les îles de Shawinigan (l'ouverture en a été annoncée pour 1978): les îles sont splendides et permettent, entre autres, d'admirer les chutes de Shawinigan, d'une grande beauté au moment des crues de printemps.

Autres activités à signaler dans la région de Shawinigan: les fêtes de Saint-Mathieu, un petit village situé à une vingtaine de kilomètres à l'ouest de la ville, durant la seconde moitié de juillet: le Festival western de Saint-Tite, le plus important dans son genre, en septembre; la Classique internationale de canots de la Mauricie, entre La Tuque et Trois-Rivières, lors de la Fête du travail; et comme activités plus permanentes, une boîte à chanson-théâtre de poche, «l'Échanson», à Shawinigan-Sud.

De Shawinigan, une quarantaine de kilomètres séparent le voyageur de Trois-Rivières, le point d'aboutissement de cet immense deuxième circuit: un dernier pouce et le voici prêt à retomber dans le premier circuit, en direction de Québec ou de Montréal . . .

Troisième circuit
En route vers le nord du nord

Le parc des Laurentides, le Saguenay et le Lac-Saint-Jean, la Côte-Nord, le comté de Charlevoix, la côte de Beaupré, l'île d'Orléans • Départ de Québec

Au moins 2 128 kilomètres, 4 à 6 semaines

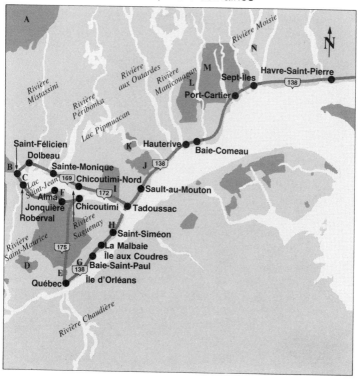

Parcs et réserves

A Mistassini	F Kénogami	K Labrieville
B Chibougamau	G Mont Sainte-Anne	L Sept-Îles
C Val-Jalbert	H Palissades	M Port-Cartier
D Portneuf	I Chicoutimi	N Moisie
E Stoneham	J Forestville	

0   90   180 Km

En route vers le nord du nord

Trois grands centres d'intérêt dans ce troisième circuit, et qui ne sont pourtant pas nécessairement toujours bien connus des voyageurs: la région du Saguenay — Lac-Saint-Jean, la Côte-Nord et le comté de Charlevoix, à la fin de cette autre longue boucle à travers le Québec. Là encore, on n'est pas sur les sentiers touristiques les plus battus; mais on traverse des régions tout de même relativement fréquentées par les vacanciers, exception faite toutefois de la Côte-Nord.

Ceci dit, cet itinéraire est très certainement un des beaux voyages que l'on puisse faire au Québec, chacune des régions visitées ayant son originalité, ses particularités, son caractère.

Point à souligner: le complément tout indiqué de ce circuit, c'est l'autre côté du Saint-Laurent, la Gaspésie: des traversiers (à Saint-Siméon, Baie-Comeau ou Godbout) vous y conduiront facilement et à bon prix. Si toutefois vous prévoyez de rentrer par la Gaspésie, il serait bon de vous rendre au Saguenay en passant non pas par le parc des Laurentides, mais par le comté de Charlevoix: cette région du Québec est trop belle, trop unique aussi pour être oubliée par le voyageur . . .

Les distances
(par les routes les plus directes)

Québec — Chicoutimi: 208 km

Chicoutimi — Chicoutimi-Nord (via le tour du lac Saint-Jean): 219 km

Chicoutimi-Nord — Tadoussac: 120 km

Tadoussac — Havre-Saint-Pierre — Tadoussac: 1 296 km

Tadoussac — Québec (via le comté de Charlevoix et le tour de l'île d'Orléans): 285 km

Total du troisième circuit: 2 128 km

Pour sortir de Québec
voir circuit 1, bloc Québec, page 62.

Jonctions avec d'autres circuits
à Chambord (Lac-Saint-Jean) avec le circuit 2 (voir page 67), et à Saint-Siméon, Baie-Comeau ou Godbout avec le circuit 4 (voir page 135).

Le parc des Laurentides

Québec aussi a ses Laurentides. Moins importantes que celles du Nord de Montréal (voir chapitre précédent, page 71), elles jouent pourtant un même rôle de réservoir de plein air et de beauté naturelle. Tewkesbury par exemple, un tout petit village il est vrai fort difficile d'accès pour l'auto-stoppeur, est construit dans un site inoubliable (à une trentaine de kilomètres de Québec, tourner à gauche vers Stoneham).

Mais pour la ville de Québec et sa population, les Laurentides, c'est surtout un parc (voir appendice 2, p. 208). Un parc qu'il faut franchir, et ce n'est pas toujours facile l'hiver, pour se rendre à Chicoutimi, par une route aux panoramas souvent splendides. Un parc, aussi, qui offre au public un bon éventail d'activités, comme c'est le cas par exemple au camp Mercier, à quelques kilomètres de l'entrée sud.

L'attrait le plus important de ce parc, pourtant, c'est sans doute la célèbre vallée de la Jacques-Cartier, qui a bien failli, il y a quelques années, disparaître inondée sous les eaux d'une centrale de l'Hydro-Québec, n'eût été la bataille d'un très actif comité de défense de la rivière en question.

- La vallée de la Jacques-Cartier

  Situé à 48 kilomètres de Québec, dans le parc des Laurentides même, le poste d'accueil de la vallée de la Jacques-Cartier ne se trouve pas sur la route principale, la 175: il faut quitter cette route une quinzaine de kilomètres après Stoneham en suivant, vers la gauche, les indications de l'entrée de la vallée, de ce fait peu facile d'accès pour le «pouceux». Une fois de plus, on quitte donc les sentiers battus. Mais cela en vaut très largement la peine . . . Cette rivière, qui était déjà une voie de communication très importante pour les Indiens, a longtemps fait partie de la liaison entre Québec et le lac Saint-Jean, via la rivière Métabetchouane. Elle est encaissée au

creux d'une vallée magnifique taillée en plein plateau laurentien, entre des parois abruptes qui la surplombent parfois de plus de 300 mètres. Sa géologie et sa flore, particulièrement diversifiée, confèrent à la vallée de la Jacques-Cartier une beauté unique.

C'est bien sûr l'endroit rêvé pour la randonnée pédestre et pour le canot (mais attention: il n'est pas possible d'en louer sur place, ce qui en diminue passablement l'attrait pour les «pouceux» . . .). On peut faire aussi de l'escalade et de l'interprétation de la nature, ainsi que du camping (une dizaine de sites de camping rustique sont répartis tout au long des 28 km de la vallée; certains ne sont accessibles qu'en canot; *tarif:* $2 par tente et par jour). Randonnée pédestre: deux sentiers sont aménagés, l'un pour le mont des Loups et la montée du Belvédère, l'autre pour le lac Buvard, le seul lac dans la vallée; mais «la» randonnée, c'est encore la vallée elle-même: le dernier site de camping, celui de la Croisée, se trouve au kilomètre 28 (la route se rend au kilomètre 21). Canot-camping: la rivière est aménagée et balisée sur une distance de 17 km; rappelons qu'on ne loue pas les embarcations. Interprétation de la nature: toute la vallée offre des possibilités d'observation de la nature, tant du côté géologique que du côté de la flore (étagement des espèces d'arbres par exemple) et de la faune; il existe en particulier un sentier d'interprétation, celui des abris sous roches: ces abris, qui résultent de l'amoncellement de blocs de roches détachés de la montagne sous l'action du gel et du dégel, présentent un microclimat et une flore particuliers. Escalade rocheuse: plusieurs parois sont accessibles aux adeptes de cette activité de montagne, entre autres, un «rocher-école», le Cyriac, où le visiteur peut s'initier à cette activité la fin de semaine.

De retour sur la route 175, on prend la direction du nord en prenant soin, vers le milieu du parc, de bien continuer en direction de Chicoutimi et non pas d'Hébertville, où conduit la route 169.

Le Saguenay — Lac-Saint-Jean

C'est vraiment une région bien originale que celle du Sague-nay — Lac-Saint-Jean. D'abord parce que ses habitants s'em-presseront de vous faire comprendre qu'elle est en fait com-posée de deux régions «tout à fait différentes», le Saguenay d'une part et le Lac-Saint-Jean d'autre part. Ensuite et surtout parce que sa jeunesse et son relatif isolement ont donné à sa population un caractère tout à fait particulier: on a le sens de la fête et de l'hospitalité très développé, un sentiment d'appar-tenance régionale fièrement arboré, un esprit d'initiative parfois spectaculaire. Ajoutez à cela la diversité des paysages (depuis cette véritable mer intérieure presque circulaire que les Indiens appelaient «lac plat» jusqu'à l'impressionnante embouchure du Saguenay) et la grande variété des occupations humaines (on y fait de l'agriculture, de l'exploitation forestière et de la production industrielle), ajoutez tout cela aux caractéristiques de la population et vous ne pourrez pas vous empêcher d'aller faire un tour dans cette région.

Première étape au Saguenay: l'agglomération Chicoutimi-Jonquière. À elle seule, cette étape pourrait bien en constituer deux, tant les deux villes sont différentes ou, en tout cas, tiennent à se différencier. Chicoutimi, c'est le centre culturel, administratif et commercial; Jonquière, avec laquelle ont récem-ment fusionné Arvida (le siège de l'Alcan, l'une des plus grosses usines d'aluminium au monde) et Kénogami (où se trouve la compagnie de papier Price), c'est le centre industriel. Pour le voyageur, le contraste est frappant et, il faut bien le dire, plutôt intéressant.

C'est à Chicoutimi que notre itinéraire nous conduit en premier lieu. La ville, construite à flanc de coteau des deux côtés du Saguenay, est vivante et souvent jolie, avec ses rues en pentes, ses parcs et la rivière qu'on aperçoit ici et là au cours des promenades. Parmi les centres d'intérêt de Chicoutimi, on peut citer le cégep (pour les gens et pour le Musée régional, centré sur les traditions populaires) et le campus de l'Université du

Québec (pour les gens aussi, mais surtout pour sa radio communautaire, CHUT-FM, et pour sa Foire culturelle, organisée tous les ans durant la troisième fin de semaine de mars par l'équipe de Ghislain Bouchard, homme de théâtre et animateur né). En plus de cette foire pas comme les autres, Chicoutimi est le site de deux manifestations populaires particulièrement intéressantes: le Carnaval-souvenir, vers la mi-février, et le Festival des arts populaires du Saguenay, au début de juillet.

- Trois fêtes populaires à Chicoutimi

La réputation du Carnaval-souvenir de Chicoutimi n'est plus à faire: tous les ans à la même époque, la ville revit, en grande gaieté, un siècle en arrière. On sort les costumes d'époque, on brasse force barriques de caribou et la fête commence, qui durera une dizaine de jours bien remplis: souque à la corde et tir au poignet, concours de bûcheux, courses de portageux ou de pitons, descentes en «casse-cul», expositions diverses, camp de bûcheron où l'on mange et où l'on boit dans la plus joyeuse ambiance, thé des grosses madames, criée sur le perron de la cathédrale, le dimanche après la grand'messe. C'est vraiment à voir et à vivre, même si Chicoutimi l'hiver, c'est loin pour le «pouceux»: ce carnaval, d'ailleurs, se surnomme «le carnaval du bout du monde»...

Un mois après le carnaval, c'est la Foire culturelle de l'Université du Québec à Chicoutimi. L'ambiance y est tout à fait remarquable. En plus d'expositions (artisanat, photos, kiosques scientifiques même), on présente nombre de spectacles de jeune théâtre et de chansonniers. Quand le rideau tombe, on danse. Cela aussi, c'est un événement à vivre!

Moins connu mais tout aussi intéressant: le Festival des arts populaires, un festival culturel qui a lieu l'été, pendant cinq jours, un peu partout dans la ville. Poésie, chanson, artisanat, folklore sont de la fête — qui se déroule sous le signe d'une fleur, la marguerite.

CARIBOU

TOURTIÈRE
DU LAC
ST-JEAN

RESTAURA

Autre activité possible à Chicoutimi: une croisière sur le Sague-nay, à bord de «la Marjolaine». C'est peut-être le genre de tourisme dit de consommation, certes, mais la balade est loin de manquer de charme et de beauté grandiose. Le bateau quitte le quai de Chicoutimi à 8h30 et descend le fjord du Saguenay, somptueusement encaissé entre des parois rocheu-ses à pic; la semaine, l'excursion conduit jusqu'au cap Trinité ($11 par personne, retour à 17h30), le dimanche jusqu'à L'Anse-Saint-Jean ($13,50 par personne, retour à 19h30); on peut manger à bord (une assiette saguenéenne faite de plats régionaux typiques et de la tarte aux bleuets pour $4,50); les romantiques pourront faire l'excursion de nuit ($5,50 par personne).

Point à souligner: l'existence d'une auberge de jeunesse. Ce genre d'étape, à savoir une auberge «de ville», a son impor-tance pour le voyageur qui peut en profiter pour vaquer à quelques occupations essentielles (menus achats, lavage de linge, etc.) après quelques jours passés au fond de la vallée de la Jacques-Cartier et avant de retourner en campagne ou dans le bois.

- L'Auberge de Chicoutimi
  (voir appendice 1, p. 190)

  Située au coin de la rue Sainte-Anne, à dix minutes de marche du centre ville, cette auberge de passage n'est ouverte que l'été. Comme elle ne compte qu'une quarantaine de lits, il est recommandé de s'inscrire tôt, soit avant le souper *(tarifs:* $1,50 la nuit, plus $0,50 pour la literie). On ne sert pas d'autres repas que le petit déjeuner ($1), mais on peut utiliser la table de la cuisine, l'évier, la bouilloire et le grille-pain. L'auberge dispose d'un garage de sûreté pour les bicyclettes et les bagages. Sérieuse et tranquille, elle ferme ses portes à minuit.

À voir ou à fréquenter enfin, à Chicoutimi toujours: la maison du peintre Arthur Villeneuve, dans l'ouest de la ville, et un petit restaurant tenu par des jeunes, «la Bougresse».

À Jonquière, les activités semblent moins diversifiées qu'à Chicoutimi. Le cégep et un bar d'étudiants qui en est voisin, «Chez Gagnon», sont de bons centres d'activité. Le centre culturel, situé dans le parc du mont Jacob, présente lui aussi un certain nombre de manifestations. Par ailleurs, il est possible de visiter les installations de l'Alcan, à Arvida (renseignements additionnels: tél.: 548-4611) et de la Price, à Kénogami (sur rendez-vous: tél.: 542-4541, poste 311). Côté sports, signalons la présence d'une école de canoë-kayak, sur la rivière aux Sables où doivent avoir lieu, en 1979, les championnats du monde de cette discipline sportive. Jonquière organise aussi un carnaval de trois semaines, fin janvier-début février; proche parent de celui de Chicoutimi, il reste toutefois une manifestation beaucoup plus locale et encore relativement peu connue.

De Jonquière, on reprend la route: la 170. Passé le village de Saint-Bruno, le voyageur peu pressé pourra tourner à droite, pour faire le détour par Alma. Cette petite ville industrielle, située à cheval sur la Grande et la Petite Décharges (qui proviennent du lac et se réunissent pour donner naissance au Saguenay), est le chef-lieu du Lac-Saint-Jean. On pourra aller faire un tour à la Librairie coopérative populaire, au coin des rues Saint-Joseph et Collard, et prendre une bière à la brasserie «Le Viking», une immense salle fréquentée par les jeunes. Le camping municipal a ceci d'intéressant, qu'il se trouve tout près du centre ville.

Plus intéressante est pourtant, non loin d'Alma, la base de plein air de Saint-Gédéon, située sur une très belle plage, sur le lac Saint-Jean qu'on découvre enfin.

● La base de plein air de Saint-Gédéon
rang des îles, Saint-Gédéon
(voir appendice 1, p. 190)

Difficile d'accès pour le «pouceux» (il n'y a pas d'indications et elle se situe sur une fin de rang en cul-de-
sac), cette base de plein air ne reçoit plus de voyageurs dits itinérants: pour profiter des services qu'elle
offre, il faut donc s'être au préalable inscrit à l'un des
multiples stages qu'elle organise tout l'été (voile,
canoë-kayak de plat, canot-camping, canot voyageur,
spéléologie, escalade, orientation, vie en forêt).
Mais si l'on peut organiser son calendrier au moins
quinze jours à l'avance, Saint-Gédéon peut constituer une étape intéressante dans le voyage, et à
bon prix: les stages durent de trois à cinq jours en
moyenne, et coûtent, tout compris (hébergement,
repas et activités), de $6 à $8 par jour.

En général pourtant, le «pouceux» préférera continuer sa route
en direction du lac, qu'il atteindra à Métabetchouan. Les panoramas sur le lac sont beaux, les fermes laitières imposantes
et les terrains de camping très commerciaux. À Desbiens,
on pourrait se laisser tenter par la publicité conviant à la visite
du Trou de la Fée, à 8 km au sud du village, en dehors de
notre circuit: bref, le genre de curiosité naturelle peut faite pour
l'auto-stoppeur . . .

Plus loin, on passe Chambord d'où il est possible, mais encore
en quittant le circuit, de se rendre à Lac-Bouchette par la route
155 (la route de Shawinigan); des religieux y tiennent une maison, l'Hermitage Saint-Antoine, où les groupes et les itinérants
sont accueillis (appeler pour vérifier les disponibilités; tél.:
348-6534). Si l'on est resté sur la route du tour du lac, la 169,
on arrive, après Chambord, au fameux village de Val-Jalbert.

Le village fantôme de Val-Jalbert: avec ses deux ou trois «rues», sa soixantaine de maisons, dont plusieurs sont dans un état de délabrement avancé, tout ce village est somme toute assez impressionnant. Espace vert bien entretenu, il fournit l'occasion d'une promenade agréable, pendant laquelle on découvrira un des plus beaux panoramas sur le lac Saint-Jean. Mais peut-être plus impressionnante que le village comme tel est la vue qui s'offre aux yeux du marcheur du haut du belvédère qui surplombe une chute de 72 mètres. Au pied de celle-ci subsistent les vestiges de la papeterie dont la fermeture, en 1927, a causé l'abandon du village, devenu depuis lors un parc du gouvernement. De retour de cette promenade, le marcheur s'arrêtera sur un autre belvédère, installé pour sa part tout au bas de la chute, et méditera sur la belle jeunesse de ce village qu'on dit fantôme: les roches qu'il a vues en haut du sentier, les plus anciennes de la région, ont 600 millions d'années d'âge... Durée totale de l'excursion: 1h30; *coût d'entrée:* $1; un terrain de camping est aménagé à côté du village fantôme (voir appendice 2, p. 215).

Quelques kilomètres plus loin, et toujours en continuant le tour du lac, on arrive à Roberval, où se trouve une auberge de jeunesse de passage (voir appendice 1, p. 190), située au-dessus du poste de pompiers... Si l'on est entré dans Roberval (la route 169 passe en effet à l'extérieur de la ville), il suffit de continuer sur la rue principale pour arriver, par une route relativement peu fréquentée, à la réserve indienne de Pointe-Bleue, sur le bord du lac; un musée de traditions populaires y est en voie d'aménagement (*entrée:* $1, étudiants $0,50).

Saint-Félicien, à l'embouchure de la rivière Chamouchouane, c'est d'abord et avant tout le zoo. Et un zoo qui ne manque certes pas d'originalité.

- ## Le zoo de Saint-Félicien

Installé à la sortie nord de la ville dans un site naturel remarquable (une île de la Chamouchouane et les environs), ce zoo est plus que le jardin zoologique traditionnel: il comprend bien sûr une section classique (fort intéressante, d'ailleurs); mais on lui a récemment adjoint un parc de sentiers de la nature où vivent en liberté des animaux d'ici, mais qu'on n'a pas souvent l'occasion de voir: orignaux, caribous, cerfs, ours, etc. Un petit train grillagé parcourt ces sentiers. Mais il y a plus encore: en 1978 s'ouvre une nouvelle et vaste section de ce parc naturel (et qui en fait d'ailleurs le plus grand zoo en Amérique du Nord) dans laquelle sera introduite une autre espèce animale vivant dans l'écosystème: l'homme. Une série d'aménagements ont en effet été réalisés, qui évoquent la cohabitation flore-faune-espèce humaine. C'est ainsi qu'ont notamment été reconstitués un camp de bûcheron (et tous les détails y sont: il a été construit par des vieux ouvriers de la région, qui ont vécu cette époque des camps forestiers), une écluse de drave, un poste de traite grandeur nature entouré de son enceinte de troncs d'arbres, un village et un cimetière indiens, un camp de trappeur et, au milieu de la reconstitution des plaines de l'Ouest où vivent des bisons, une maison typique de cette région. Plusieurs autres habitats naturels caractéristiques de notre continent ont également été reconstitués: les rivières à castors, les prairies de l'est ou la toundra arctique. Un brûlé évoque le Grand feu du siècle passé. *Le coût de la visite,* qui s'élève à $4, peut paraître élevé au «pouceux». Mais pour peu qu'on s'intéresse à son milieu et aux espèces qui l'habitent, la dépense vaut le coup.

De Saint-Méthode, on peut se rendre, par la route 373, à Normandin (pour la chute à l'Ours et pour la télévision communautaire) puis à Albanel (pour son festival de la Gourgane, durant la troisième semaine d'août, appendice 3, p. 237). Le plus simple est toutefois de continuer sur la route 169 et de se rendre directement à Dolbeau, une petite ville industrielle toute jeune encore et qui organise — ô summum de l'authenticité de la culture locale — un événement touristique connu sous le nom des «Dix jours western de Dolbeau». Cela se passe pendant la deuxième moitié de juillet. C'est gros. C'est commercial. Et ce n'est peut-être pas le paradis du voyageur . . . À noter pourtant, à la sortie de cette petite ville au demeurant sympathique, la halte routière qui permet d'admirer la rivière Mistassini; en contrebas de cette halte se trouve une belle plage de sable fin avec vue sur les rapides et possibilité, si vous ne lisez pas tout ce guide le même soir, de faire du camping sauvage et tranquille. Non loin de là se trouve le monastère des Trappistes, où l'on fabrique un excellent chocolat mais où l'on n'admet pas, semble-t-il, les visiteurs du sexe opposé à celui des frères en question.

Mistassini, la ville quasi jumelle de Dolbeau, c'est comme la capitale mondiale du bleuet («Très bonnes, vos petites myrtilles . . .» s'entêtent à vous répéter les Français!). Ici, les festivités ont vraiment la couleur locale: tous les ans, durant la seconde semaine d'août, c'est le Festival du bleuet; on élit la Reine du bleuet, entre autres multiples activités populaires, et on déguste une tarte géante en buvant du vin de bleuet («Par contre, votre vin de myrtilles . . .»); tout cela dans une ambiance fraîche, drôle et savoureuse comme une pointe de tarte tiède arrosée de crème sûre. À recommander donc, si l'on passe par là à cette époque.

• La cueillette des bleuets

L'idée vient à plusieurs: pourquoi pas, en passant dans cette région, essayer de gagner quelques dollars en allant cueillir des bleuets? Bien, mais attention de ne pas trop se faire d'illusions. Le bleuet, cette «manne bleue» dont on perd, bon an mal an, 50 à 80% de la récolte potentielle, est un petit fruit sauvage que n'importe qui a le droit de ramasser. Soit. Mais pour que le travail soit le moindrement efficace, il faut être équipé (peignes pour ratisser les talles, contenants) et surtout, aller assez loin et assez longtemps dans le bois, puisqu'il y a de bons et de mauvais endroits. Ordinairement, les familles de cueilleurs — elles existent, toujours les mêmes, génération après génération — s'installent dans un coin qu'elles connaissent, et des grossistes passent leur acheter sur place leur récolte. Le cueilleur inexpérimenté risque donc d'être déçu de l'aventure. Il existe bien un programme gouvernemental de placement des jeunes dans des familles de cueilleurs, mais il est réservé aux étudiants qui habitent la région. Ceci dit, rien ne vous empêche, sur une base moins «professionnelle», de vous adonner un jour ou deux à cette activité pleine de fraîcheur et de légèreté qu'est la cueillette des petits fruits sauvages: on ne le regrette jamais.

Allô Maria Chapdelaine! C'est ce que vous allez pouvoir dire quelques kilomètres plus loin, en arrivant, plus de 65 ans après Louis Hémon, dans ce joli petit village qu'est Péribonka. Un musée, bien sûr, y a été installé dans la maison de celle qui servit de modèle à l'écrivain, Éva Bouchard: un peu décevant pour le $1,50 que coûte le billet d'entrée, sauf pour un merveilleux poêle à trois ponts et pour quelques documents (correspondance, coupures de presse, photos du tournage du film avec Madeleine Renaud et Jean Gabin) gentiment émouvants.

C'est également de Péribonka que partent les nageurs de la célèbre traversée internationale du lac Saint-Jean, le premier dimanche d'août — événement qu'on fête, la veille, en organisant les festivités de la «Grande nuit».

111

Mais c'est au village suivant, Sainte-Monique, que le voyageur prendra, et de loin, le plus grand et le plus savoureux plaisir à s'arrêter. Dans une auberge de jeunesse. Mais une auberge, vraiment, unique en son genre au Québec.

- L'Île du Repos, Sainte-Monique-de-Honfleur
  (voir appendice 1, p. 190)

Ce centre d'hébergement, comme aime l'appeler l'équipe qui a monté cette auberge sur la base de l'autogestion, est installé sur une petite île, à l'embouchure de la Grande Péribonca. Le terrain est boisé, ne laissant à découvert qu'une large bande de sable, une plage, le long de la rivière. Ici et là sur l'île se trouvent des chalets, où sont installés 72 lits. Ailleurs, et dans des coins parfois fort retirés, on peut planter sa tente. L'Île du Repos, bien entendu, est une auberge de séjour, un endroit même, où l'on peut demeurer, habiter. La paix y règne, elle le doit à l'esprit dans lequel se trouvent naturellement ceux qui y font halte; et aussi au fait qu'aucun véhicule motorisé ne peut y circuler. On vit là au rythme soyeux du jour et de la nuit: lecture, rêverie, discussions, repas qu'on peut prendre au petit restaurant communautaire, ballon-volant, croquet et, chaque soir, feux de plage, musique, poésie . . . Bref, l'Île du Repos est une étape évidente, presque nécessaire, de tout voyage au Lac-Saint-Jean.

Services: petit déjeuner et dîner à la carte; souper (le gros repas) pour $2. Chalets: $1,50 la nuit; camping: $1. Petite librairie, installée en collaboration avec la librairie coopérative populaire d'Alma. L'Île est ouverte de juin à septembre, mais il est probable que quelques chalets seront bientôt ouverts toute l'année.

Et l'on ferme maintenant la boucle, le tour du Lac-Saint-Jean. Peu après Saint-Coeur-de-Marie (d'où l'on peut envoyer une carte postale à la plus pieuse de ses vieilles tantes), on quitte la route 169 pour prendre la 172, vers Chicoutimi-Nord et Tadoussac. Entre ces deux dernières villes, la route n'est pas très fréquentée, mais le paysage compte parmi les plus beaux que l'on rencontre au Québec.

Si par exemple l'automobiliste qui vous a fait monter n'est pas trop pressé, suggérez-lui de quitter la grand-route pour faire un tout petit détour (à peine une dizaine de kilomètres) à Sainte-Rose-du-Nord: au fond de la petite baie, le village accroché à flanc de montagne, le petit quai, et le Saguenay majestueux, enchâssé de part et d'autre par des caps d'une impressionnante beauté.

Plus loin, la route traverse le parc de Chicoutimi, longe la rivière Sainte-Marguerite, splendide. De temps à autre, on peut saluer de la main des canoteurs qui la descendent comme pour saluer cette région qu'on quitte maintenant . . .

La Côte-Nord

Et puis vous arrivez dans un autre univers. Au pays du fer, de l'électricité et de Gilles Vigneault, rien n'a plus tout à fait la même dimension ni la même allure. Il y a une lumière, une musique de la Côte-Nord dont il faut se laisser pénétrer, comme d'une poésie. Il y a une façon d'être et de faire des gens de la Côte-Nord qu'il faut apprendre, comme la langue d'une nouvelle chanson.

Car la Côte-Nord, c'est un subtil mariage de contrastes de plages désertes et de villes-champignons, de modestes pêcheurs et d'industries géantes, de familles installées là depuis toujours ou de jeunes fraîchement arrivés d'un peu partout au Québec. Dans cette région qui a la taille d'un pays, Jack Monnoloy et l'Hydro parlent au fond le même langage, celui de l'eau et des saisons.

En arrivant sur la route 138, la route de la Côte-Nord, on aura tourné à gauche sans faire, par la droite, le détour de Tadoussac qu'on verra au retour (s'il est tard pourtant et si les hasards de l'auto-stop en donnent l'occasion, Tadoussac peut constituer une bonne halte, puisqu'il y a, comme nous le verrons plus loin, une auberge de jeunesse). On passera donc Petites et Grandes-Bergeronnes, où l'on peut voir depuis la rive, fin septembre et début octobre, un spectacle bien peu banal: l'accouplement des baleines bleues. Puis ce sera les Escoumins, un site de plongée sous-marine réputé.

Mais quoi de mieux, pour commencer à se familiariser avec la Côte-Nord, quoi de mieux qu'un premier séjour dans une auberge de jeunesse elle aussi unique en son genre, celle de Sault-au-Mouton?

- Le Nord du Nord, base de plein air
(voir appendice 1, p. 191)

Située à 60 kilomètres de l'intersection des routes
172 et 138, cette auberge de séjour est ouverte toute
l'année aux voyageurs; à noter d'emblée: sa facilité
d'accès, puisqu'elle se trouve pratiquement au bord
de la route. Une chose frappe dès qu'on arrive au
Nord du Nord: la beauté du site; on domine en effet
le Fleuve — qui est déjà presque une mer — et les
chutes de la rivière Sault-au-Mouton, hautes de 18
mètres. Puis c'est la chaleur et la qualité de l'accueil
qui frappent le nouvel arrivant; dans la grande salle
commune de la maison principale et, l'été, sur la gale-
rie, la place est à la musique et au bonheur de vivre.
C'est pour cela qu'on voudra rester au Nord du Nord,
pour cela et pour la foule d'activités qu'on peut y
pratiquer à loisir.

Côté plein air, on a plus que le choix: canot, kayak,
escalade, randonnée et orientation, jeux de toutes
sortes, baignade, ballon-volant, tir à l'arc, sentiers
écologiques, piste d'hébertisme; et l'hiver, c'est le ski
de fond (près de 50 km de pistes entretenues), la
raquette, la traîne sauvage, la trappe, la randonnée
en forêt et le camping sur neige. On peut aussi
pratiquer des activités d'intérieur, puisqu'on trouve à
Sault-au-Mouton un laboratoire de photo, des jeux
de société, une bibliothèque, des disques et un
système de son.

La capacité d'hébergement de l'auberge est de 33
personnes dans la maison principale, de 38 dans un
chalet annexe, et de 12 dans un camp de bois rond,
près d'un lac. On peut aussi camper sur le terrain
de l'auberge. On prend ses repas, dans une ambiance également sympathique, dans une vaste
cuisine-salle à manger attenante à la maison.

Tarifs: $6 par jour tout compris, c'est-à-dire pour le coucher ($1,50; on ne fournit pas de literie), le petit déjeuner ($1), les deux repas ($1,75 chacun). Les services de moniteurs pour les activités au programme, de même que le matériel nécessaire pour y participer, sont inclus dans ce coût global de $6 par jour.

Puis continue le voyage, le voyage non immobile toutefois, sur la Côte-Nord. Déjà, ce sont les immenses plages de sable, magnifiques, sauvages, presque désertes, où les eaux, du moins quand on n'est pas de l'endroit, paraissent glacées même en plein été. On passe à Forestville (festival du caplan, date: 12 au 20 mai), puis par une demi-douzaine de petits villages avant d'arriver aux villes jumelles de Hauterive et de Baie-Comeau, les premières agglomérations d'importance de la Côte-Nord. C'est de là que part la route 389, qui conduit au célèbre barrage Manic 5, à quelque 120 km au nord de Baie-Comeau: l'excursion, qui fera découvrir au passage Manic 2 et Manic 3, se fait assez bien sur le pouce, à condition d'être équipé en matériel de camping puisqu'il est plus que probable qu'on ne pourra la faire en une seule journée (il n'existe aucune possibilité de logement sur le complexe Manic-Outardes, si ce n'est le camping, organisé à Manic 2, au kilomètre 22, ou sauvage à proximité des autres sites; restaurant-casse-croûte à Manic 2 et à Manic 5; visite guidée et gratuite des barrages, de la mi-juin jusqu'à la Fête du travail; pour plus de détails, il est toujours recommandé de s'arrêter au kiosque d'information de l'Hydro-Québec, à l'intersection des routes 138 et 389).

L'itinéraire principal, après Hauterive, longe toujours le Saint-Laurent, sur lequel on découvre ici et là de beaux points de vue. On traverse Port-Cartier, une ville industrielle en pleine expansion, débouché maritime des cités minières que sont Gagnon, Fermont et Labrador City. Et l'on arrive à Sept-Îles, presque 230 km après Baie-Comeau.

Une ville bien spéciale que Sept-Îles! En arrivant, on commence par découvrir un incalculable parc de maisons mobiles, puis une innombrable série de maisons préfabriquées: bref, c'est la ville-champignon dans ce qu'elle a de plus classique, de plus fantastique et de plus banal aussi; c'est la ville industrielle encore très dynamique (même si Port-Cartier lui livre dure bataille pour lui ravir son titre de métropole de la Côte-Nord), ouverte sur le nord et ses richesses, la ville aussi de l'Iron Ore et des «jobs souvent payantes et toujours dures».

Mais Sept-Îles, c'est aussi autre chose, bien autre chose. Sept-Îles, c'est aussi la vieille ville, celle du bord de mer, celle du Vieux Quai où l'on va tous les soirs, avec les «vrais» habitants de la place, «placoter» à l'heure où le soleil se couche, celle dont les rues parallèles à la mer forment un amusant alphabet: en partant de la plage, on rencontre en effet les rues Arnaud, Brochu, Cartier, Dequen, Évangéline, Franquelin, Gamache, Humphrey, Iberville, Jolliet, Késaska, Lauré, ce boulevard par lequel on entre dans Sept-Îles.

À recommander à Sept-Îles: un bar où rencontrer les jeunes de la place, significativement appelé «L'évasion», sur la rue Arnaud, et, tout près de là (si elle n'a pas déménagé, instable qu'elle est comme un «pouceux» . . .), l'auberge de jeunesse.

- L'Auberge de Sept-Îles,
  coin des rues Brochu et Napoléon
  (voir appendice 1, p. 190)

  Auberge essentiellement de passage, elle a installé sa quarantaine de lits au premier étage du bureau de poste de la ville; toutefois, d'année en année, elle risque de devoir déménager ses pénates ailleurs (vérifier son adresse auprès de la Fédération québécoise de l'ajisme (voir appendice 4, p. 241). Dans ce local bien particulier, où l'accueil demeure toutefois des plus sympathiques, on ne sert aucun repas et l'on ne peut s'inscrire qu'après 17h; l'auberge doit fermer ses portes à 8h30 chaque matin. Endroit de dépannage surtout, cette auberge permet à la plupart des voyageurs d'attendre le départ, hebdomadaire, du bateau qui dessert la moyenne et la basse Côte-Nord.

Car ce n'est qu'après Sept-Îles peut-être que commence le vrai, le beau, le grand voyage sur la Côte-Nord. Depuis peu, la route se rend jusqu'à Havre-Saint-Pierre, plus de 200 km après Sept-Îles (il y a d'ailleurs une toute petite auberge de jeunesse près de Havre-Saint-Pierre, située à l'extérieur du village, dans un endroit retiré, près de la mer). Mais la façon la plus habituelle, et la plus prisée depuis quelque temps, de visiter ce bout du Québec au bout du monde, c'est encore le bateau.

- La basse Côte-Nord à bord du «Fort-Mingan»

Après Sept-Îles, et aujourd'hui après Havre-Saint-Pierre, et jusqu'à Blanc-Sablon, tout près du Labrador, la route n'existe pas; comme dit Gilles Vigneault, qui sait de quoi il parle quand il parle de ce coin du pays, «on est en dehors de la carte . . .» Ici et là, un village et son quai, perdus dans cette immensité de silence et de paix. Les soleils, les bois, les plages que ne souille aucune canette de bière vide, tout est d'une beauté saisissante. Seule façon de découvrir tout cela, de le savourer, de le vivre vraiment: le bateau, en l'occurence le «Fort-Mingan» qui, une fois la semaine, passe de village en village, de quai en quai, pour embarquer et débarquer choses et gens. Le voyageur pourra s'arrêter — mais ce sera pour une semaine, jusqu'au prochain passage du bateau —, dans le village qu'il voudra, où la population saura encore l'accueillir, s'il sait se faire aimer, avec grande gentillesse. Deux choses à retenir toutefois: Natashquan, où il y a déjà eu une auberge de jeunesse, a été victime d'une mode touristique à la gaspésienne et l'on y regarde maintenant le visiteur avec plus de circonspection; par ailleurs, plusieurs villages, sur la basse Côte-Nord, sont presque exclusivement anglophones.

Il faut savoir aussi que cette excursion, aussi inoubliable soit-elle, coûte tout de même assez cher. *Tarifs* de Sept-Îles à Havre-Saint-Pierre: $14 pour un aller seulement, sans repas ni lit; de Sept-Îles à Harrington Harbour: $31,30; de Sept-Îles à Blanc-Sablon: $42,10. Le «Fort-Mingan» part de Rimouski le mardi à 20h, et de Sept-Îles le mercredi à 17h. On sait qu'on peut le prendre à Havre-Saint-Pierre, mais il est plus sage, si l'on veut être sûr d'avoir de la place, d'embarquer à Sept-Îles. Pour avoir des renseignements complémentaires et des tarifs pour les ports intermédiaires, appeler l'Agence maritime, à Montréal, tél.: (514) 842-2791, à Québec, tél.: (418) 692-1711, à Rimouski, tél.: (418) 723-7701, à Sept-Îles, tél.: (418) 962-9839 ou à Port-aux-Basques, tél.: (418) 962-5524.

Il va sans dire que cette excursion sur la basse Côte-Nord s'ajoute, et en temps et en distance parcourue, à ce troisième circuit que vous propose le guide *Le Québec sur le pouce,* circuit que nous arrêtions à Havre-Saint-Pierre.

À noter enfin que de nombreux auto-stoppeurs visitent de cette façon la Côte-Nord jusqu'à Blanc-Sablon, où ils prennent un traversier pour Terre-Neuve: l'été, il y a deux départs chaque jour pour Sainte-Barbe, Terre-Neuve, et le *coût du passage* pour un piéton adulte est de $3.

Pour notre part, nous reviendrons plus sagement sur nos pas, par bateau puis par route. Signalons qu'on aura au passage la possibilité de traverser le Saint-Laurent pour se rendre en Gaspésie (voir le prochain circuit): de Godbout ou de Baie-Comeau pour Matane ($5 la traversée, durée: deux heures en

été, trois en hiver), des Escoumins pour Trois-Pistoles ($4 la traversée, durée: 1h30) ou, plus à l'ouest, de Saint-Siméon pour Rivière-du-Loup ($4,25 la traversée, durée: 1h15); pour de plus amples détails sur des traversées, se procurer le *Guide des traversées maritimes et aériennes* diffusé gratuitement par le ministère des Transports du Québec (écrire au ministère, direction des communications, Hôtel du Gouvernement, Québec).

Et nous voici rendus à notre dernière étape sur la Côte-Nord: Tadoussac et ses célèbres, et magnifiques, dunes de sable.

- La Maison Majorique, route 138
  (entrée ouest du village),
  Tadoussac (voir appendice 1, p. 191)

Située à 400 mètres du quai, la Maison Majorique est une auberge de passage ouverte l'été seulement. Relativement petite (40 places, plus quelques espaces pour le camping), elle est souvent pleine et il est conseillé d'arriver avant l'heure du souper. L'ambiance y est chaleureuse, accueillante. Le soir, le repas est préparé par des itinérants, qui doivent s'attacher à faire découvrir aux autres voyageurs les spécialités de la région d'où ils viennent. Le matin, chacun fait son propre petit déjeuner. Le repas du midi ne peut être pris à l'auberge. Même si elle n'est que «de passage», la Maison Majorique organise nombre d'activités à l'intention des itinérants: excursions aux dunes de sable, ski sur sable (location des skis: $1), cours de delta-plane (cher), excursion sur le Saguenay avec un pêcheur ($3), chasse au loup marin ($3), feux de nuit, randonnées en forêt, camping sauvage sur une île déserte ... *Tarifs:* $1,75 la nuit, plus $0,50 pour les couvertures: $0,50 la nuit (campeurs); petit déjeuner: $1,25; souper: $1,50 à $2.

Puis l'on quittera Tadoussac et la Côte-Nord. Un traversier, gratuit, franchit l'embouchure du Saguenay en quelques minutes.

On débarque à Baie-Sainte-Catherine et l'on entre dans une tout autre région: la région de Charlevoix.

La région de Charlevoix

Inoubliable région que celle de Charlevoix, ne serait-ce que pour la douceur de son nom et de ses paysages! Tout bon voyageur se devra de la parcourir, de l'explorer doucement, de la savourer côte après côte, cap après cap, beauté après beauté. Car même refaite, la route 138 offre encore une série de panoramas des plus pittoresques, de Baie-Sainte-Catherine jusqu'à Beaupré, près de Québec. Les villages et les petites agglomérations, bien nichés au fond de leurs baies, bien à l'abri sous leurs caps, ont souvent gardé leur cachet de naguère. On pense bien sûr à cette époque des «voitures d'eau» que Perreault a racontée avec les habitants de l'Îsle-aux-Coudres. Et l'on se prend à flâner sur les quais, ces bizarres parcs publics qui avancent leur nez dans le Fleuve.

Première halte en Charlevoix: Saint-Siméon et son attraction principale, le traversier de Rivière-du-Loup. Le village est joli, la plage intéressante. Tout près de Saint-Siméon, mais dans l'arrière-pays, se trouve le centre d'interprétation de la nature des Palissades, dont le nom évoque une barrière rocheuse que des sentiers permettent d'explorer en détail.

• Le centre d'interprétation de la nature
 des Palissades, Saint-Siméon

Situé à 8,5 kilomètres du village, en bordure de la route 170 (la route qui mène à Chicoutimi), le centre des Palissades est une de ces activités (gratuites) à ne pas manquer. Par le plus long des sentiers qui y sont aménagés, on accède au sommet de cette impressionnante barrière rocheuse et on découvre un paysage splendide. Tous les sentiers du centre sont balisés; des brochures qu'on réclame au poste d'accueil permettent de cette façon de faire une promenade «guidée» des plus enrichissantes. À ne pas manquer aux Palissades, outre le grand circuit conduisant au sommet: la visite du «pierrier», immense éboulis de rochers arrachés, hiver après hiver, gel après gel, à la façade du front rocheux.

À signaler également, avant d'aller plus loin sur la côte de Charlevoix en direction de Québec, que cette route 170, entre Saint-Siméon et le Saguenay, est absolument remarquable, même si elle est pour nous hors circuit. Le paysage qu'elle traverse est d'une beauté farouche. À l'anse Saint-Jean, on sort de cette route pour aller camper au bord du Saguenay, fier comme un fjord au creux des montagnes qui se perdent profondément dans ses eaux; ce village remarquable n'est malheureusement pas très facile d'accès en auto-stop.

Mais revenons à notre circuit et à Saint-Siméon, qu'on quitte maintenant. Quelques kilomètres plus loin, on aura peut-être la chance de faire la grand-route buissonnière avec un automobiliste pas trop pressé et de découvrir un village joli entre tous: Port-au-Persil. Puis ce sera La Malbaie où une décision s'impose: quitter la grand-route pour se rendre à Baie-Saint-Paul par la route 362, cette dernière est, il est vrai, moins fréquentée (à la Malbaie, tourner à gauche après avoir traversé le pont).

- La vieille route entre la Malbaie et Baie-Saint-Paul (48 km)

C'est quasiment un monument historique que cette route, du moins aux yeux de l'amoureux de Charlevoix. Les seuls noms de villages évoquent tout un univers, de caps et de paix, de fleuve et d'hommes pour y vivre et les aimer: Pointe-au-Pic et son éléphantesque Manoir Richelieu; Saint-Irénée, d'une impeccable coquetterie, dominé par ce qui reste du Manoir Forget où devrait s'installer l'école de musique de Charlevoix; Cap-aux-Oies; Les Éboulements, où l'on descend vers Saint-Joseph-de-la-Rive; Saint-Joseph-de-la-Rive, où l'on visite la fabrique de papier artisanale de Mgr Félix-Antoine Savard et où l'on prend le bateau pour l'Îsle-aux-Coudres.

127

Monument dans le monument, cette île minuscule vaut cent fois qu'on s'y arrête, pour quelques journées de camping pas comme les autres (traversier à toutes les demies de l'heure, à Saint-Joseph; *coût:* $0,60). Ses habitants, qu'on surnomme les Marsouins, vous accueillent avec cette gentillesse propre aux insulaires. On a été pêcheurs et constructeurs de «voitures d'eau», on a navigué et vécu isolés de longs hivers durant, on a aimé et aime encore cette galette de terre et de pierre presque collée à la rive — et on est fier de la montrer au visiteur quand il prend le temps de regarder. Et surtout d'écouter.

Puis d'un coup, une fois revenu sur notre route terrestre, on découvre Baie-Saint-Paul du haut du Cap-aux-Corbeaux. En descendant vers cette petite ville soigneusement cachée au creux de son profond havre naturel, on passe près d'un chemin à pic qui conduit à l'auberge de jeunesse.

- L'auberge de jeunesse de Baie-Saint-Paul
  (voir appendice 1, p. 191)

Perchée à flanc de montagne, l'auberge est située à la sortie est de la ville. La vue sur la baie est incroyable, et la beauté du paysage donne à l'auberge son style et sa façon d'être, doucement étendue. Une quinzaine de cabines et un dortoir permettent d'héberger 95 personnes. On peut camper. Activités originales: excursions en camion, sauna indien, «toastorama» le soir après minuit (pour $0,25: café et toasts à volonté) et immenses sangrias toutes les trois ou quatre semaines. *Prix:* $1,50 la nuit; $0,30 le drap; $1 pour le déjeuner et $1,50 pour le souper; $1,50 par tente et par nuit. *Ouverture:* fin mai à mi-septembre.

Et plus bas dans la côte, c'est Baie-Saint-Paul la belle. Son célèbre festival d'été n'existe plus. Mais l'esprit privilégié qui en avait fait le succès semble encore animer cette charmante capitale régionale.

• Baie-Saint-Paul

Artisanat, peinture, vieilles maisons parfois bien plus que centenaires, rues anciennes: tout invite à faire «le tour des quatre villages», comme on dit à Baie-Saint-Paul pour désigner les quatre quartiers de l'agglomération.

Autour de la rue Saint-Joseph, l'une des plus vieilles de la ville, sur la rive gauche de la rivière du Gouffre, c'est le quartier de «l'Anse à la Garce». On y a connu un hôtel mal famé, le Black Cat, aujourd'hui disparu par suite d'un incendie.

De l'autre côté de la rivière, le quartier de «la Batture» et la rue Sainte-Anne. On y trouve l'atelier des soeurs Bolduc, peintres minutieux du temps passé; un bar-restaurant-boîte à chanson à ne pas manquer, le «Mouton Noir», où l'on rencontre les jeunes de la place et d'ailleurs et où l'on mange, entre autres plats d'une savoureuse cuisine maison, un surprenant gâteau aux carottes; le quai, tout au bout de cette rue, où il faut aller parce que c'est un quai et parce qu'un peintre, Guy Paquette, expose sur une goélette de 38 mètres des toiles lisses comme l'hiver que l'artiste affectionne particulièrement.

Dans «le haut du village», on ira rue Saint-Jean-Baptiste et rue Saint-Adolphe, la plus jolie et la plus étroite petite rue de Baie-Saint-Paul. Là encore, on trouvera des boutiques d'artisanat, des salles d'exposition et des maisons d'âge et de style intéressant.

On terminera par «le Bas de la Baie» où des chutes témoignent du passé géologique mouvementé de la région et où l'on pourra rendre visite au peintre naïf Alban Bluteau.

" la cueillette des fruits sauvages,
on ne le regrette jamais "

Il faut aussi sortir de Baie-Saint-Paul. Et visiter par exemple le rang Saint-Laurent, avec son camping de la rivière du Gouffre, sa grange à encorbellement, typique de Charlevoix, le moulin à César qu'occupe un ébéniste traditionnel et surtout, tout à l'entrée du rang, le petit musée d'objets et d'outils anciens que la famille Tremblay a installé dans la maison que construisit son ancêtre en arrivant au pays (*entrée:* $0,50). Cette petite maison en pièces sur pièces date de . . . 1721.

La côte de Beaupré et l'île d'Orléans

Nous voici presque déjà arrivés à Québec, que l'on ne retrouvera toutefois qu'après avoir traversé ce véritable berceau de la Nouvelle-France qu'a été la côte de Beaupré.

La première curiosité qu'on y rencontrera n'est pourtant pas historique, mais naturelle: il s'agit du cap Tourmente, important sanctuaire d'oies blanches, au cours de leur migration de printemps et d'automne. Quand les oies sont là, le spectacle est assez remarquable. Malheureusement pour le «pouceux», le sanctuaire est loin de la route, au bout d'un tout petit chemin de campagne.

À 6 km du coquet petit village de Saint-Ferréol-les-Neiges, le panorama grandiose aux Sept-Chutes (Rivière-des-Roches) mérite un détour de même que le grand canyon de la chute Sainte-Anne auquel on accède par une route secondaire au nord de la route 138, au sommet de la côte de la Miche.

Juste au début de la région de Beaupré également, mais côté montagne de la route : le pac du Mont-Sainte-Anne (voir p. 212), une importante base de ski alpin déjà réputée dans le monde de la compétition, et qui devrait être aménagée en vaste base de plein air quatre saisons. Ce parc est gouvernemental.

Puis, si l'on a encore le coeur au voyage et des souliers aux pieds après cette vaste boucle, on passera à Sainte-Anne-de-Beaupré, l'une des capitales mondiales de l'industrie du miracle, où l'on admirera à quel point de commercialisation on en est rendu en ce domaine. Principaux pèlerinages : premier dimanche de mai, du 17 au 26 juillet, le quatrième dimanche d'août et du 5 au 8 septembre. C'est à Sainte-Anne-de-Beaupré qu'on pourra choisir d'emprunter la vieille route. Autrefois appelée Chemin du Roy, cette route s'appelle maintenant l'avenue Royale et elle court tantôt au pied de la falaise, tantôt sur sa crête ; les points de vue sur le fleuve et sur l'île d'Orléans sont magnifiques, et plusieurs maisons impressionnantes par leur taille et la beauté de leurs volumes bordent encore cette avenue Royale.

Rendu à la chute Montmorency (une fois et demie plus haute que ses concurrentes du Niagara), le voyageur prendra la peine, une dernière fois, de quitter la route principale pour aller faire le tour de l'île d'Orléans, une promenade de quelque 67 kilomètres quand on passe par Sainte-Pétronille, Saint-Laurent, Saint-Jean, Saint-François, Sainte-Famille et Saint-Pierre (où se trouve un intéressant théâtre d'été-boîte à chanson).

Ce tour de l'île, dernier fruit savouré sur ce circuit, il faudra bien sûr le faire avec le plus célèbre de ses citoyens, Félix Leclerc:

L'Île c'est comme Chartres
c'est haut et propre
avec des nefs
avec des arcs des corridors et des falaises
en février la neige est rose comme chair de femme
et en juillet le Fleuve est tiède sur les battures
Au mois de mai à marée basse
voilà les oies
depuis des siècles au mois de juin parties les oies
mais nous les gens les descendants de La Rochelle
présents tout le temps
surtout l'hiver
comme les arbres
. . . .
Pour célébrer
l'Indépendance
quand on y pense
C'est-y en France c'est comme en France
le tour de l'île
quarante-deux milles
comme des vagues et des montagnes
les fruits sont mûrs
dans les vergers
de mon Pays

Ça signifie
l'heure est venue
si t'as compris.

Quatrième circuit
Quand le fleuve se fait mer

Le Bas-du-Fleuve et la Gaspésie

Départ de Québec

Au moins 1 827 kilomètres, 3 à 5 semaines

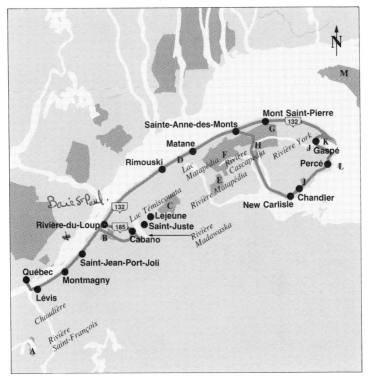

Parcs et réserves

A Frontenac	F Dunière	K Forillon
B Parke	G Chics-Chocs	L Île de Bonaventure
C Rimouski	H Baldwin	M Anticosti
D Matane	I Port Daniel	
E Causapscal	J Gaspésie	

0   90   180 Km

Quand le fleuve se fait mer

Vous quittez Montréal ou Québec et quelques heures plus tard, vous êtes ailleurs. Sur votre gauche, le Fleuve a pris, peu à peu, une majestueuse importance. Sa rive s'est parsemée d'îles, petits univers attirants pour le voyageur curieux. Au fil de la route, villages, maisons de bois et résidences d'été ont acquis de nouvelles proportions, une autre présence.

Et puis surtout, le Fleuve devient bientôt la mer: c'est comme ça qu'on commencera à appeler le Saint-Laurent à partir de Rivière-du-Loup au moins.

Là, le voyage est commencé.

Un voyage qui débutera par le Bas-du-Fleuve et son arrière-pays, pour nous amener ensuite en Gaspésie — nom magique pour une contrée aussi magique — dont nous parcourrons la côte dans le sens des aiguilles d'une montre. À New Richmond, dans la baie des Chaleurs, nous traverserons la péninsule en empruntant la vallée de la Cascapédia, un itinéraire moins classique que le retour par la vallée de la Matapédia. À moins bien entendu que nous ne soyons pris d'un goût de longs voyages vers les îles en plein océan, auquel cas nous nous rendrons, par le Nouveau-Brunswick et l'Île-du-Prince-Édouard jusqu'aux Îles-de-la-Madeleine.

Les distances
(par les routes les plus directes)

Québec — Rivière-du-Loup (via le lac Pohénégamook et le JAL): 428 km

Rivière-du-Loup — Sainte-Anne-des-Monts: 282 km

Sainte-Anne-des-Monts — Rimouski (via le tour de la Gaspésie et la vallée de la Cascapédia): 821 km

Rimouski — Québec: 296 km

Total du quatrième circuit: 1 827 km

Pour sortir de Québec
Voir circuit 1, bloc Québec, page 62.

Jonctions avec d'autres circuits
À Rivière-du-Loup, Rimouski ou Matane avec le circuit 3 (voir page 93), par des traversiers.

Le Bas-du-Fleuve

Pressé d'arriver enfin en Gaspésie, le voyageur passe souvent trop vite dans le Bas-du-Fleuve. C'est un tort, tant il est vrai qu'entre fleuve et frontière du Maine ou du Nouveau-Brunswick, la région qui s'étend de Montmagny à Rimouski a elle aussi son charme, sa personnalité attachante.

Car au hasard d'une plage, d'une embouchure de rivière, d'un relief rocheux ou d'une terrasse qu'escalade le chemin, l'histoire de ce coin bien particulier du Québec se révèle petit à petit: on y a pêché l'anguille et chassé le béluga, travaillé le bois et la terre, récolté la tourbe et servi les riches villégiateurs canadiens et américains à la «belle époque» du début des bains de mer. On traverse le Kamouraska d'Anne Hébert puis on aperçoit l'isle au Dragon de Jacques Godbout (l'île Verte, en fait), et l'on passe ainsi d'un xixe siècle fascinant à une fin de xxe où il est question de super-port, de pétrole et de pollution . . .

Bien évidemment, il faudra emprunter l'ancienne route (la 132) et non pas l'autoroute pour vraiment découvrir et savourer cette première région de notre itinéraire. Pour ce faire, on passera donc à Lévis: de Québec on s'y rend par les ponts sans doute, mais bien plus rapidement et bien plus sympathiquement par «La traverse de Lévis», qu'on prend de l'embarcadère situé au pied du Château Frontenac (départ toutes les demi-heures, *coût:* $0,50); détail à savoir: on débarque au pied de la côte du Passage, une pente assez raide sur laquelle on a toutes les chances de devoir exercer ses mollets avant de rejoindre l'intersection de la route 132.

Dès qu'on a quitté Lévis et sa ville jumelle, Lauzon (gros chantiers navals), on se fait prendre au jeu du Fleuve, déjà splendide et des îles. Longtemps on longe l'île d'Orléans, qu'on dirait presque à portée de voix de l'autre côté du chenal. Passant à Beaumont, l'on remarquera de nombreuses vieilles maisons et, sur le ruisseau Maillou, un ancien moulin banal qui fonctionne à merveille mérite que l'on s'y arrête. L'on peut visiter l'église construite en 1733 et y admirer des sculptures de François Baillargé de même qu'un tableau d'Antoine Plamondon. Saint-Michel mérite également un arrêt pour son presbytère restauré et son église. L'eau devient ensuite plus large, le village de Berthier s'appelle Berthier-sur-Mer et au loin, une série de petites îles parsèment le Fleuve. Merveilleux sont leurs noms: ce sont les îles Madame, aux Ruaux, Grosse Île, Sainte-Marguerite, à Deux-Têtes. Grosse-Île, qui fut un lieu de quarantaine pour les immigrants européens au XIXe siècle (des milliers d'Irlandais y moururent de typhus à la fin des années 1840), sert aujourd'hui de laboratoire de quarantaine au ministère fédéral de l'Agriculture.

Puis c'est Montmagny et, en face l'île aux Grues à laquelle est rattachée, par de longues battures, l'île aux Oies. Tous les automnes, on organise le Festival de l'oie blanche (voir p. 239), qui commence par l'arrivée de l'oiseau symbole sur le quai de la petite ville. C'est de ce quai que part, de mai à septembre, un traversier pour l'île aux Grues (horaire selon la marée, vérifier en appelant le capitaine sur l'île, au numéro 12 s 3; la traversée est gratuite pour les étudiants et les citoyens de l'île, et coûte $1 pour les autres). Deux cents personnes vivent sur l'île, où chaque printemps et chaque automne ramènent les oies et les canards par dizaines de milliers.

Revenu sur la terre ferme, on continuera son chemin vers l'est, passant à l'Islet-sur-Mer, à Saint-Jean-Port-Joli (capitale — ô combien commercialisée — de l'artisanat et notamment de la sculpture sur bois, dans la lignée des célèbres Bourgault), à Saint-Roch-des-Aulnaies, le manoir seigneurial dont l'architecte fut François Baillargé, à Kamouraska... La route, entre terrasse rocheuse et battures, communique toute sa beauté paisible au voyageur qui sait la savourer.

Une bonne vingtaine de kilomètres après Kamouraska, on quitte la route 132 pour une incursion dans l'arrière-pays, loin, parfois très loin des sentiers battus. Pour cela, on prend, à gauche, la route 289 en direction de Saint-Alexandre (le premier village que l'on rencontrera) et d'Estcourt, puis du lac Témiscouata qu'on traversera par bac pour aller visiter le JAL. Comme on sort franchement des grands axes de circulation et que ce parcours est tout de même assez long et plein d'activités, il faut prévoir plusieurs jours de voyage avant d'arriver à Rivière-du-Loup.

- L'arrière-pays du Bas-du-Fleuve

À la sortie 301 de l'autoroute 20, quelques kilomètres à l'intérieur des terres, la route 289 traverse la réserve forestière de Parke: le ministère des Terres et Forêts y a installé un de ses centres d'interprétation de la nature, comprenant un pavillon central d'interprétation et trois sentiers de promenade et d'observation, d'une longueur totale de neuf kilomètres. Malheureusement pour le «pouceux», le centre comme tel n'est pas situé à proximité de la route.

Plus loin en direction du sud, c'est le lac Pohénégamook, avec la base de plein air et le monstre marin du même nom. Le monstre n'est pas garanti, mais l'intérêt d'un séjour à la base, d'exceptionnelle qualité, est pour sa part garanti. La base est située au bord du lac même (en arrivant de Saint-Alexandre, se rendre jusqu'à l'église du village d'Estcourt et suivre les indications vers la gauche: la base est à environ 2,5 km de l'église). L'été, on peut faire de l'interprétation de la nature en sentiers écologiques, de la randonnée pédestre (excursions allant jusqu'à cinq jours, avec coucher en refuges), de la voile (stages d'initiation les fins de semaine), du canot; du canot-camping (excursions de trois à sept jours), du kayak, de la pêche (initiation à la mouche), de la natation,

LAC
POHENEGAMOOK
LA PÊCHE AU MONSTRE
MARIN EST INTERDITE

du camping rustique, de l'escalade sur parois de faible hauteur. L'hiver, c'est le ski de randonnée (plus de 70 km de pistes) avec coucher en refuges, le camping sous tente ou sous igloos, la pêche sous la glace, la glissade. Pour les activités d'été comme d'hiver, le matériel est soit fourni dans le forfait quotidien, soit loué. La base compte 120 lits répartis en cinq chalets: en période très active, l'été notamment, ils sont presque tous occupés par des groupes qui ont fait depuis longtemps leurs réservations; on recommande donc aux itinérants, qu'ils arrivent seuls ou à deux, d'avoir une tente. *Les tarifs sont les suivants:* pour le séjour complet, incluant hébergement en chalet, trois repas, équipement pour activités au programme et services d'un moniteur par groupe de douze personnes: $12 par jour ($10 pour les étudiants); pour les isolés: $2 par jour et par tente; $6 par jour et trois repas si le séjour dure plus de deux jours; $1 par jour pour les activités, plus certains frais de location d'équipement. On peut réserver en appelant à (418) 859-2405.

Quittant le lac Pohénégamook, on fait quelques kilomètres encore sur la route 289 et, après Rivière-Bleue, on prend la 232 en direction de Cabano. Planter sa tente au camping municipal, à côté de la grand-route qu'on vient de retrouver (il s'agit de la Transcanadienne), coûte $3,50 par nuit. À Cabano, on peut par ailleurs visiter la célèbre cartonnerie populaire et le Fort Ingall, intéressante reconstitution de ce poste militaire stratégique originellement construit à partir du lac Témiscouata, qu'il domine de belle façon: de là part le «Sentier du grand portage» qui relie le lac au Saint-Laurent, près de Rivière-du-Loup: ce sentier peut être l'occasion d'une randonnée pédestre d'une soixantaine de kilomètres, randonnée que l'on peut faire en ski de fond l'hiver. À noter qu'on peut rejoindre la baie de Fundy par voie d'eau depuis le lac Témiscouata, en empruntant les rivières Madawaska et Saint-Jean.

Mais là ne doit pas s'arrêter votre visite au Témis-couata: il y a d'autres choses à faire et à voir. De Cabano, on descendra vers le sud jusqu'au village suivant, Notre-Dame-du-Lac, en contrebas duquel se trouve un embarcadère pour le petit traversier qui relie Notre-Dame à Saint-Juste-du-Lac (le voyage, gratuit, dure quelques minutes et ne manque certes pas de charme; départs de Notre-Dame: aux demies de l'heure le matin, et aux heures l'après-midi).

Et l'on arrive ainsi dans le JAL, un sigle formé à partir des initiales de trois municipalités dites «marginales» mais qui ont décidé de ne pas se laisser mourir: Saint-Juste, Auclair et Lejeune. On peut y pratiquer, dans un décor naturel de toute beauté, une foule d'activités de plein air, allant de l'équitation au canot-camping, en passant par la randonnée pédestre, les parties de sucre et la natation. *Coûts de ces activités:* hébergement à la ferme: $15 par jour pour les trois repas et le coucher; $2 à $4 par jour pour le camping (terrains aménagés dans les trois municipalités); $15 par jour pour les randonnées à cheval, y compris les services d'un guide; $9 par jour pour la location d'un canot, y compris avirons et gilets (le circuit prend deux à trois jours au moins). Par ailleurs, fêtes et festivals se succèdent au JAL: festival de l'érable au printemps (Lejeune), festival western en juin (Auclair), fêtes champêtres dans les trois municipalités durant l'été, festival du pointu en octobre (à Saint-Juste, le seul endroit au Québec où l'on pêche ce poisson), fête de la pomme de terre en octobre (Lejeune). Une visite au JAL vaut donc la peine mais avis aux «pouceux»: le territoire est grand en soi et d'un accès somme toute relativement peu facile; par ailleurs, certaines activités, intéressantes, il est vrai, peuvent coûter un peu cher pour un budget modeste. Dernier point: pour participer à l'une ou l'autre de ces activités, on doit se rendre

à Auclair, la semaine à la Maison coopérative, la
fin de semaine au Pavillon des sports ou au magasin
général.

De retour à Notre-Dame-du-Lac, on reprendra la
route 185, en direction de Rivière-du-Loup cette
fois. Peu après Cabano, on passera, croyez-le ou
non, à . . . Saint-Louis-du-Ha!-Ha! — points d'excla-
mation compris.

En huit sauts d'une hauteur totale de 90 mètres, la rivière
du Loup vient se jeter dans le Saint-Laurent, que nous retrou-
vons après notre longue incursion du côté des terres et des
grands portages. Et nous arrivons, bien sûr, à Rivière-du-
Loup. Deux auberges de jeunesse (voir appendice 1, p. 192)
sont ouvertes l'été dans cette petite ville, l'auberge Maison
Blanche (voir appendice 1, p. 192) et le Carrefour international
de la Jeunesse (voir appendice 1, p. 192). La Maison Blanche
est située à proximité du Fleuve, ce qui ne gâche aucunement le
plaisir . . . À noter au passage qu'on peut, de Rivière-du-Loup,
rejoindre la rive nord grâce au traversier de Saint-Siméon (environ sept départs par jour; durée de la traversée: 1h15; *tarif:*
$4,25; du 22 juin au 6 septembre, l'excursion aller et retour
coûte également $4,25).

Viennent ensuite Cacouna, Isle-Verte et l'île qui lui a donné
son nom, puis Trois-Pistoles, son île aux Basques et ses deux
îles Razades, lieux historiques (on y trouve les vestiges de
fours que les pêcheurs de baleines basques y avaient cons-
truits, avant même que Jacques Cartier ne les «découvrît»)
devenus sanctuaires d'oiseaux (goélands argentés, canards
eiders, hérons bleus et autres espèces peu communes). On
peut visiter l'île aux Basques en compagnie du gardien du
sanctuaire et dans son embarcation (appeler M. Emmanuel
Frank, 851-2407). Peu avant d'arriver à Rimouski, au Bic
précisément, le paysage côtier devient soudain splendide,

accidenté à souhait, depuis le magnifique Cap-à-l'Orignal (très difficile d'accès sur le pouce) jusqu'au pic Champlain (448 m). L'on y trouve un grand camping populaire.

On traversera Rimouski par son boulevard de bord de mer ou on y rentrera pour trouver un cégep, un campus de l'Université du Québec, une auberge de jeunesse* (186, rue Rouleau, tél.: 724-9595), un musée régional intéressant, installé dans une église rénovée. Après Rimouski-Est et son port, le paysage semble changer d'un coup, mer, route, climat, occupation humaine du territoire: les avis ont beau être partagés sur la question, on vient de quitter le Bas-du-Fleuve.

La Gaspésie

Que vous le fassiez pour la première ou pour la dixième fois, ce voyage en Gaspésie, le pincement au coeur demeure toujours le même quand vous y arrivez: à Sainte-Luce ou à Sainte-Flavie, ce n'est peut-être pas encore «la» Gaspésie par excellence — certains diront qu'elle ne commence qu'à Matane ou Sainte-Anne-des-Monts, et dans mes moments de haute exigence, je vous parlerai même de Ruisseau-Castor —, mais ce n'est pas non plus le Bas-du-Fleuve.

Mais qu'importe ces querelles bêtement géographiques. Vous avez profondément respiré l'air nouveau, vous vous êtes soûlé de lumière et de mer. Et vous êtes bien.

Première halte suggérée, pour entrer en Gaspésie par un porche de fleurs et de plantes: les Jardins de Métis, un tout petit — mais luxuriant — parc provincial coincé entre la route, la mer et l'embouchure de la rivière Métis (voir appendice 2, p. 220). Arrêtez-vous là si les hasards du pouce le permettent. Et arrêtez-vous une seconde fois au retour, une ou deux semaines plus tard. Parmi les 2 500 espèces végétales différentes qui s'y trouvent, il y aura toujours pour vous de nouvelles fleurs et leurs parfums . . .

Et l'on continue. La mer — on ne discute plus le mot —, la mer met alors ses grands atours, les Gaspésiens, les enchanteurs. Même si la nouvelle route évite la plupart des villages (l'automobiliste ne sait pas ce qu'il perd en gagnant tout ce temps . . .), on est encore dans le beau, dans le très beau. Et dans le magistral quand on sait musarder par les villages. Une suggestion: lisez ce paragraphe à la personne qui vous a ouvert la porte de son véhicule . . . et peut-être se prendra-t-elle au jeu.

Matane: petite ville agréablement surprenante, mais elle aussi oubliée par la route principale du moins quant à ses pittoresques coins. Habituellement, on ne fait que lui voir le front de mer. C'est un tort, il faut s'y arrêter, en faire une étape. On ne le regrettera pas.

• Matane

Premier point: l'auberge de jeunesse, puisqu'il y en a une à Matane. Elle est située au 354, avenue d'Amours (tél.: 562-2836), c'est-à-dire tout près de la route principale, sur la première rue qui lui est perpendiculaire à l'est du pont de la rivière Matane; depuis la grand-route, on la repère très facilement, surtout quand on circule d'ouest en est (voir appendice 1, p. 192). Ouverte toute l'année (mais attention, il lui arrive de fermer l'hiver), elle offre aussi la possibilité de faire du camping ($1 par tente et par jour). *Tarifs:* $1,50 la nuit, plus $0,50 si l'on a besoin de literie; petit déjeuner pour $1, souper pour $1,50, pas de dîner. On peut y emprunter, selon les disponibilités, des bicyclettes pour des randonnées d'une journée dans la ville et les environs.

Matane est sans doute l'un des seuls endroits au monde où l'on pêche le saumon en plein centre ville. On va sur le pont, au bout de l'avenue d'Amours, et l'on regarde les pêcheurs, avec bien d'autres curieux. Souvent, on voit un ou deux saumons, immobiles au fond d'une eau d'une incroyable limpidité; indifférents aux appâts des pêcheurs, ils reprennent leurs forces avant de s'attaquer aux rapides de la passe migratoire qu'ils vont bientôt franchir, pour remonter la rivière et aller vivre leurs amours en eaux douces. S'ils mordent, ils se battront parfois une heure et plus avant de se rendre. Si vous ne tenez pas particulièrement à assister à cette corrida, vous pourrez aller guetter le saumon dans la passe de verre aménagée à une centaine de mètres du pont: avec de la patience et de la chance, vous assisterez à ce spectacle «comme si vous y étiez» . . . À deux pas de là, vous irez ensuite dans les îles de Matane, agréablement aménagées en parc public: espaces de détente, plage, sentiers, petit auditorium.

On revient sur le pont et, à deux coins de rue, on se prend à flâner dans le vieux Matane. On y trouve une boîte à chansons, «la Cave à vin», en bas du restaurant «le Bon accueil»; une discothèque où l'on n'offre que de la chanson québécoise le dimanche, «l'Odyssée». Et, en plein centre ville, rue Saint-Jérôme, la brasserie des jeunes, «Au vieux loup de mer»: pendant l'été 1977, la «grosse bière» y coûtait encore moins d'un dollar!

Si l'on ne va pas à l'auberge de jeunesse, on peut aller camper au bord de la rivière Matane: le gouvernement du Québec y a un beau terrain, un peu en amont de la ville; on y accède soit par la route 195, sur la rive droite de la rivière, soit par un chemin de terre fort joli, sur la rive gauche (dans un cas comme dans l'autre, on part du pont de la passe à saumons). Ce terrain de camping où l'on a su préserver les arbres et l'intimité des campeurs, borde un sanctuaire à saumons, endroit où ils se reposent et s'acclimatent au passage de l'eau salée à l'eau douce.

Avec un peu de coeur et de temps, le voyageur aimera sans doute explorer la vallée de la rivière Matane, verdoyante oasis de beauté et de tranquillité. Comme les automobiles n'encombrent pas cette route (la 195), on la fera à pied ou mieux, à bicyclette. Et si l'on ne se rend pas jusqu'à Amqui, du moins essayera-t-on d'aller dans ce village à l'impayable nom de Saint-Tharcisius . . .

À noter avant de quitter Matane, deux attraits plus traditionnellement touristiques: le vieux phare, collé à la route 132 et qui abrite le bureau d'information touristique, et le Festival de la crevette (voir appendice 3, p. 235), qui a lieu tous les ans en juin.

Après Matane, la magie gaspésienne commence sourdement à faire effet. On passe aux Méchins, puis à Cap-Chat, qui ne s'est jamais vraiment remise de l'éclipse solaire de 1972, et à Sainte-Anne-des-Monts. Deux villages plus loin, c'est Ruisseau-Castor, à l'entrée duquel un panonceau merveilleux spécifie l'interdiction suivante: «Défense d'écrire sur les rochers»... C'est là que la vraie Gaspésie commence, belle à en couper le souffle dix fois par jour.

On ne raconte pas ces paysages. Tout au plus peut-on redire les mots de la route, chiffonnée, menue entre mer et montagne, et qui brode sur deux cents kilomètres l'inoubliable poème des noms de villages. Écoutez: Marsoui, Ruisseau-à-Rebours, Rivière-à-Claude, Anse-Pleureuse, Gros-Morne, Manche-d'Épée, Pointe-à-la-Frégate, Cloridorme, Saint-Maurice-de-l'Échouerie, Rivière-au-Renard, Anse-au-Griffon, Cap-des-Rosiers, Cap-aux-Os...

Mais même en poème, qu'on ne se rende pas si vite jusqu'au bout du nez de la Gaspésie. En route, il y a bien des choses à faire, des endroits où s'arrêter. En entrant à Marsoui, par exemple, on pourra le faire à «la Pension», un gros bâtiment où les «travaillants» des alentours et les camionneurs viennent manger, dans un grand réfectoire où couverts et toiles cirées reluisent comme des sous neufs, de cette excellente et solide cuisine de chantier. Pour moins de $4 on prendra un repas complet avec tourtière ou cipate ou «cipaille». Des lits, à l'étage, peuvent accommoder le voyageur, mais seulement lorsqu'il est «mal pris».

Un peu plus loin, on s'arrêtera — et c'est presque une obligation — à Mont-Saint-Pierre, «le» village que le voyageur n'a pas le droit de manquer en Gaspésie.

- ● Mont-Saint-Pierre

  Le site, tout d'abord, puisqu'il est vraiment remarquable. Ce tout petit village est blotti dans une baie profonde, entouré de part et d'autre par deux reliefs de haute allure (547 m et 457 m respectivement).

  Sur la route principale, le long de la plage et en plein village (votre automobiliste vous descendra littéralement à la porte de votre halte), l'auberge de jeunesse «les Vagues» (voir appendice 1, p. 192). Ouverte de juin à septembre, elle compte 103 places, plus de nombreux espaces pour le camping; en juillet pourtant, elle est pratiquement toujours pleine. *Tarifs:* $1,50 par nuit, plus $0,50 pour la literie; camping: $0,75. Déjeuner: $1, dîner: $1,50, souper: $1,50. Près de l'auberge, on peut profiter de la plage et pêcher la truite en rivière. De plus, des excursions sont organisées pour le mont Jacques-Cartier (1 268 m, le plus haut sommet de la région) et les lacs environnants, et cela au coût de $2: la promenade est de toute beauté, dans un paysage encore sauvage où il n'est pas rare d'apercevoir des caribous.

Autre attrait de Mont-Saint-Pierre: une excursion au sommet du mont Saint-Pierre. À la sortie est du village, un panneau indique «le chemin qui conduit à la croix». L'escalade, qui dure plus d'une heure, est du genre sérieux, tant le chemin est à pic. Mais la vue qu'on a du haut du mont sur la baie, le village et la mer est à vous couper ce qu'il vous reste de souffle. S'il fait beau et chaud, on aura apporté quelque chose à boire. Et comme l'appétit vient en grimpant, on aura pris soin de prévoir un pique-nique et d'acheter entre autres, du pain de ménage frais au «P'tit Chaudron», tout près du chemin qu'on vient d'escalader.

Il est une autre chose que l'on peut faire à Mont-Saint-Pierre: c'est de camper sur le terrain du gouvernement, situé à deux kilomètres de la route principale, vers le fond de la vallée. Fortement boisé, installé en bordure de la très belle petite rivière à Pierre, doté d'une piscine, ce terrain est l'un des plus agréables que l'on puisse fréquenter, surtout si l'on a la chance de pouvoir choisir un emplacement donnant sur la rivière. Il en coûte toutefois $4 par nuit et par emplacement pour s'y installer.

La route reprise et l'envoûtante Gaspésie savourée le plus doucement possible — ah! pouvoir le faire à pied —, on arrive bientôt au parc Forillon. L'automobiliste pressé évitera certainement ce détour, préférant prendre, à Petite-Rivière-au-Renard, le raccourci de la route 197: si tel est le cas, abandonnez-le à ses hâtes et à ses affaires, parce que le parc Forillon, faut le faire . . .

- Le parc national Forillon
  (voir appendice 2, p. 224)

  Le site est unique et, en pesant mes mots, splendide. De Rivière-au-Renard à Cap-Gaspé et à Penouïl, la

mer est partout présente, tantôt léchant rageuse-
ment le pied de falaises qu'elle ronge depuis des
siècles, tantôt roulant sur une plage de sable fin
ou de galets. Énorme bloc sédimentaire émergeant
de la mer, le parc atteint, dans sa partie ouest, des
altitudes de près de 600 mètres: là, ce n'est plus la
mer, mais la forêt et les eaux douces des ruisseaux,
des lacs et des cascades.

Dans ce site naturel exceptionnel, la flore et la faune
sont elles aussi exceptionnelles. La mer, les falaises,
les forêts, les terres en friche, les dunes de sable
renferment chacune leurs plantes, leurs fleurs et leur
végétation. Par ailleurs, plus de 220 espèces d'oiseaux vivent dans le parc, ou viennent y nicher, ou y
passent lors de leurs migrations. Le long du littoral, on
peut observer des phoques ou des baleines; pêcher
la morue, le hareng, le saumon de l'Atlantique ou le
maquereau. À l'intérieur, le marcheur patient aura
peut-être la chance de voir le cerf de Virginie, l'orignal,
le renard roux, l'ours noir, le lynx du Canada ou le
castor...

Et tout autour de ce qui est aujourd'hui le parc,
l'homme a lui aussi laissé sa trace, en intéressante
intelligence avec son milieu: observer l'interdépen-
dance entre la mer, la terre et l'homme captivera
le visiteur.

La meilleure façon de découvrir le parc Forillon:
le camping et la marche à pied. Deux terrains de
camping sont aménagés, l'un au nord et l'autre au
sud de la petite presqu'île du Cap-Gaspé (terrains du
cap Bon-Ami et de Petit-Gaspé); comme ils ne joux-
tent pas la route 132, pensez que vous devrez sans
doute marcher plusieurs kilomètres avant de les
atteindre. *Coût du camping:* $3 par jour. Reproche
qu'on peut leur faire: leur allure un peu trop commerciale, tentes et roulottes pouvant facilement

donner l'impression d'être quelque peu entassées les unes sur les autres. Par ailleurs, il n'existe presque pas de sites de camping rustique dans le parc.

Quant aux sentiers de randonnée, ils sont nombreux, variés et particulièrement intéressants à parcourir. De Cap-Gaspé au lac au Renard, en passant par les crêtes, le portage de l'anse au Griffon ou le chemin des lacs, on pourra explorer le parc sur des kilomètres et des kilomètres.

Autres activités: baignade à Penouïl, visite au centre d'interprétation de Cap-des-Rosiers (malheureusement encore relativement pauvre en contenu, la dimension «joli design» ayant été privilégiée par rapport à la dimension scientifique et informative à proprement parler), et excursions guidées avec des naturalistes du parc.

À préciser pour finir que le parc Forillon est encore en plein aménagement: en fait, moins de la moitié des installations prévues ont été réalisées à ce jour.

La prochaine étape nous permettra de constater que ce cher Jacques Cartier a bel et bien eu la fâcheuse idée de naviguer jusqu'en nos pays nordiques et non pas, comme le lui reproche avec justesse Charlebois, «à l'envers de l'hiver» ... Car vous arrivez à Gaspé, là même où notre célèbre navigateur planta sa non moins célèbre croix au nom d'un illustre roi de France dont personne ne sait plus guère le nom. La baie au fond de laquelle a grossi Gaspé est magnifique, le musée d'histoire et de traditions populaires tout neuf, et l'ensemble de la ville plutôt ordinaire. À noter que si vous êtes du genre «pouceux» riche et pressé, espèce rare j'en conviens, vous pourrez prendre, de Gaspé, un avion pour les Îles-de-la-Madeleine (deux vols quotidiens l'été; prix de l'aller simple: $46,45); et je ne vous dis pas où se trouve l'aéroport, car vous avez bien le moyen de vous payer un taxi ...

Puis c'est Percé, une petite ville de villégiature, dont la réputation n'est plus à faire, mais à défaire. Car malgré le rocher, malgré le quai, malgré l'île Bonaventure, malgré les fous de Bassan, malgré la morue qu'on va «djiguer» au large, malgré les Trois Soeurs, malgré le Pic de l'Aurore et malgré les levers de soleil au bout du quai et des nuits blanches — ou peut-être à cause de tout cela —, Percé n'est plus guère fréquentable. L'été en effet, seigneur Commerce envahit tout, achète et vend tout, trafique tout, frelate l'authenticité des choses et des gens et pour peu, vendrait en sautoir les 400 millions de tonnes de calcaire du rocher . . .

Il faut pourtant aller à Percé. On aura certes à bouder bien des choses et à se méfier des prix, à s'exaspérer contre un développement touristique anarchique qui est allé jusqu'à défigurer la plage (on y a construit une interminable promenade de béton!), mais on aura aussi beaucoup d'autres choses à voir et à faire: aller en ballade sur l'île Bonaventure, maintenant devenue parc provincial, haut lieu de résidence des fous de Bassan; marcher à pied jusqu'au Rocher Percé, à marée basse; visiter le Centre d'histoire naturelle, à deux pas de l'auberge de jeunesse, ou le Centre d'art de Percé au centre du village (expositions, chanson, théâtre, cinéma); partir en excursion sur les hauteurs d'où l'on découvrira, ici et là, des vues «imprenables» sur la mer, le rocher, le village et l'île.

- L'auberge de jeunesse de Percé
  (voir appendice 1, p. 192)

De manière fort heureuse, l'auberge de jeunesse de Percé n'est pas située dans la cohue du commerce et du tourisme, mais à flanc de coteau: la côte est rude à grimper, mais le site magnifique. Auberge de passage ouverte l'été seulement (pourtant, Percé est paraît-il inoubliable l'hiver), elle n'offre aucun autre service que le gîte et le couvert. *Tarifs:* $1,50 la nuit; $1 pour le déjeuner, $1,50 pour le souper;

SANCTUAIRE
DE FOUS
DE BASSAN

l'auberge ne sert pas le repas du midi, et même, ferme de 11h à 15h. On peut camper ($0,75 par personne). Accès: à la sortie sud de Percé, prendre la rue qui débouche en face de l'Hôtel Percé et tourner à gauche sur le chemin de l'Irlande.

Il existe un autre terrain de camping en plein centre du village, celui du gouvernement du Québec. Il est malheureusement trop peuplé pour qu'il soit vraiment agréable d'y rester.

À la fois charmé par la beauté du site et déçu de ce qu'a pu en faire l'industrie touristique, vous quitterez donc Percé pour entrer dans une tout autre Gaspésie: celle de la baie des Chaleurs. Moins spectaculaire que le long de la bosse nord de la péninsule gaspésienne, le paysage a quand même son charme. Les reliefs deviennent plus doux et les plages plus nombreuses, sur lesquelles on pourra parfois camper et, souvent, chercher des agates.

On vit encore beaucoup de pêche dans la baie des Chaleurs, et il n'est pas rare de voir des vigneaux près qu'un quai ou d'un autre, sur lesquels sèche la morue. C'est par exemple le cas à l'Anse-à-Beaufils. À Grande-Rivière, à Saint-Godefroi ou à Paspébiac, plusieurs industries exploitent le poisson à grande échelle, tandis qu'une école gouvernementale de pêcherie est installée à Grande-Rivière. Cette région vit aussi de l'exploitation forestière et de l'industrie du papier, comme à Chandler. Dans plusieurs petits villages, des secteurs entiers sont consacrés à la villégiature.

Notre circuit ne nous amènera pas tout à fait jusqu'au fond de la baie des Chaleurs: peu après New Richmond en effet, nous quitterons la route 132 pour prendre, en direction du nord, la route 299. Ce n'est pas le plus habituel des itinéraires quand on fait le tour de la Gaspésie; on «rentre» en effet plutôt par la vallée de la Matapédia, qui coupe elle aussi la péninsule, mais un peu plus à l'ouest. Pour ma part, la 299 est le chemin que je préfère, même si la circulation automobile y est moins dense.

Car la vallée de la Cascapédia, qu'on longe sur des dizaines de kilomètres, est un des paysages les plus somptueux qu'il soit donné de pouvoir parcourir au Québec. La rivière et la montagne sont de toute beauté, et magnifique également le parc de la Gaspésie où l'on arrive après une centaine de kilomètres sur la Transgaspésienne. Et c'est d'ailleurs dans ce parc que nous ferons notre dernière halte gaspésienne.

● Le mont Albert

> Sur la route principale, au milieu du parc de la Gaspésie, le voyageur trouve un ensemble d'installations connues sous le nom de Gîte du mont Albert et consistant essentiellement en un hôtel et un restaurant de bonne classe. Le «pouceux» moyen, lui, se contentera de s'installer sur le terrain de camping avoisinant, un terrain au demeurant fort bien aménagé. De là partent plusieurs sentiers de randonnée, qui conduisent au sommet du mont Albert, un immense plateau à flancs escarpés, dépourvu d'arbres et situé à 1 151 mètres d'altitude; ces sentiers, soit dit en passant, ne sont recommandés qu'à ceux qui sont capables de partir en excursion tôt le matin, et qui de plus ont le mollet solide. C'est également du Gîte du Mont-Albert que par une route panoramique, longue de 88 kilomètres, ceinturant les monts McGerrigle (dont fait partie le mont Jacques-Cartier, haut de 1 268 m, qu'on peut aussi visiter en partant de l'auberge de jeunesse de Mont-Saint-Pierre (voir appendice 2, page 223).

Et c'est, déjà, le retour à Sainte-Anne-des-Monts et le moment de revenir sur nos pas. Pour éviter de parcourir trop longuement des routes qu'on connaît déjà, on aura certainement le

goût et la bonne idée de traverser le Saint-Laurent à Matane, Trois-Pistoles ou Rivière-du-Loup, de façon à rentrer par la Côte-Nord et le comté de Charlevoix, itinéraire que décrit notre précédent circuit. Le coût des traversiers est le suivant: Matane — Baie-Comeau (ou Godbout): $5; Trois-Pistoles — Les Escoumins: $4; Rivière-du-Loup — Saint-Siméon: $4,25.

C'est presque un autre voyage que ces quelques trop courtes dernières lignes vous proposent: une balade, absolument unique en son genre, aux Îles-de-la-Madeleine.

Pour y aller, il vous faudra, de retour de Gaspésie, continuer votre chemin jusqu'au bout de la baie des Chaleurs (au passage, auberge de jeunesse à Saint-Omer (voir appendice 1, p. 192), quelques kilomètres à l'ouest de Carleton). À Matapédia, on prend la route du sud et, par le Nouveau-Brunswick et l'Île-du-Prince-Édouard, on gagne Souris d'où un traversier vous emmène aux îles (un départ par jour l'été, à 14h; coût: $10, pour l'aller seulement). On débarque à Cap-aux-Meules, après une traversée d'au moins cinq heures.

Les Îles-de-la-Madeleine

Aller aux îles et y vivre quelques jours, quelques semaines ou quelques mois, c'est une expérience franchement inoubliable. Perdu en plein océan, cet archipel de sable blond-blanc, de grès rouge et de roc n'est à nul autre pareil. Dunes et plages désertes sur des kilomètres et des kilomètres, villages de pêcheurs, maisons curieusement jetées ici et là dans un paysage qu'elles se refusent à structurer, maigres pâturages à flancs de collines, arbres rabougris et têtus dans un vent qui ne tombe jamais, lagunes intérieures où s'abrite une faune très diversifiée, falaises de grès mous dans lesquelles la mer a sculpté des infinités de formes: tout concourt à faire des Îles-de-la-Madeleine un endroit pas comme les autres surtout si, de plus, vous y allez en pleine saison du homard (avant la mi-juillet), l'activité «nationale» des Madelinots.

Une route relie entre elles les principales îles de l'archipel, à savoir les îles du Havre-Aubert, du Cap-aux-Meules, du Havre-aux-Maisons, Grosse-Île et Grande-Entrée. Il faut aller partout, prendre le temps de tout voir, de tout écouter, de tout apprendre, de grimper au sommet de la Vernière pour comprendre la géographie des lieux, de courir sur l'interminable dune du Sud pour revivre le début du monde, et parler avec les gens pour savoir ce que veulent dire des mots comme «tourisme» ou «mine de sel».

Il existe plusieurs terrains de camping aux îles, dont deux gouvernementaux, à Gros-Cap et à Grande-Entrée. Une auberge de jeunesse est ouverte l'été, à Havre-aux-Maisons, soit à quelques kilomètres du quai de Cap-aux-Meules.

Vous pourrez aussi bien sûr faire du camping sauvage dans les dunes, à l'abri de petites criques qui vous isoleront parfaitement du monde. C'est très bien, mais pensez alors à une chose: l'environnement des Îles-de-la-Madeleine est magnifique, c'est vrai. Mais il est peut-être encore plus fragile . . .

Cinquième circuit
Le coeur au sud

La vallée du Richelieu, les Cantons-de-l'Est, la Beauce

Départ de Montréal, arrivée à Québec

Au moins 686 kilomètres, 1 semaine à 10 jours

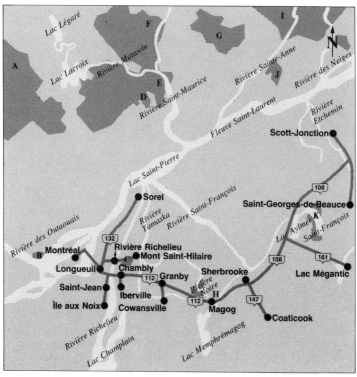

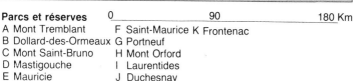

Parcs et réserves
A Mont Tremblant
B Dollard-des-Ormeaux
C Mont Saint-Bruno
D Mastigouche
E Mauricie

F Saint-Maurice
G Portneuf
H Mont Orford
I Laurentides
J Duchesnay

K Frontenac

Le coeur au sud

Et nous voici à notre dernier circuit, un circuit tout petit — du moins pour qui a «fait» le Témiscamingue, la Côte-Nord ou les Îles-de-la-Madeleine — mais certainement indispensable si l'on veut avoir une connaissance complète de ce que nous sommes et avons été. Ce circuit va en effet nous permettre de prendre contact avec la partie sud du Québec, puisqu'il est vrai que ce pays qui n'est pas un pays mais l'hiver, que ce pays donc a un sud. Et quel sud!

Première partie du voyage: la vallée du Richelieu. Belle de sa rivière et de son histoire, cette voie de communication naturelle a toujours eu une importance stratégique, humaine et culturelle pour le Québec. Aujourd'hui lieu de résidence de nombreux Montréalais en quête d'une certaine tranquillité, elle a gardé un cachet unique en son genre, quelque chose entre les Patriotes de 1837 et ce qui pourrait être les guinguettes de bord de Marne . . .

De là, nous sauterons dans les Cantons-de-l'Est, une autre de ces régions bien particulières du Québec: paysages, lacs, forêts, lieux de villégiature, tout incite à voyager dans ces somptueux Cantons-de-l'Est, tout donne envie d'y vivre, d'y rester peut-être.

Puis ce sera la Beauce. Québécoise jusqu'au bout des jarrets, odorante comme cabane à sucre quand les érables coulent sans relâche, bouillante et festoyante comme Chaudière en débâcle, cette région est une troisième composante de ce coeur que le Québec porte au sud.

Les distances
(par les routes les plus directes)

Montréal — Sorel: 70 km

Sorel — Saint-Jean: 92 km

Saint-Jean — Sherbrooke (via Cowansville, le mont Orford et Magog, Coaticook, Huntingville et Sainte-Catherine-de-Hatley): 243 km

Sherbrooke — Lac-Mégantic: 107 km

Lac-Mégantic — Québec (via Saint-Georges-de-Beauce): 174 km

Total du circuit 5: 686 km

Pour sortir de Montréal
Voir circuit 1, bloc Montréal, page 51.

Jonction avec d'autres circuits
À Québec avec les circuits 3 et 4.

La vallée du Richelieu

Attachante région que cette vallée du Richelieu! Du lac Champlain où elle prend sa source, à la frontière des États-Unis, jusqu'à Sorel où elle se jette dans le Saint-Laurent, la rivière Richelieu donne sa façon, paisible, simplement heureuse, au paysage qu'elle traverse et anime. Seules surprises géologiques dans cette plaine, les monts Saint-Hilaire et Saint-Bruno lui donnent un autre charme.

Mais c'est sans doute l'occupation qu'en ont faite et qu'en font encore les hommes qui confère à la vallée du Richelieu son caractère le plus intéressant. Voie de communication de première importance entre le Saint-Laurent et les États-Unis, la rivière Richelieu reste une voie navigable très fréquentée, du moins pour la plaisance: les écluses du canal Chambly, entre Chambly et Saint-Jean, et celle de Saint-Ours gardent un attrait incontestable, même pour le voyageur terrestre. Par ailleurs, ces très riches terres agricoles, bien cultivées depuis fort longtemps, ont fait de la vallée du Richelieu l'un des «jardins» des plus importants du Québec, même si le développement de la fonction résidentielle a quelque peu empiété, ces dernières années, sur les espaces cultivés.

Et s'ajoute à tout cela un passé, riche et mouvementé que le voyageur prendra plaisir à découvrir au fil des villages, retrouvant ici la présence de forts destinés à barrer la route aux envahisseurs du sud (successivement Iroquois, Anglais et Américains), là le souvenir encore vivace des fameux Patriotes de 1837.

C'est par Sorel que commencera notre découverte de la vallée du Richelieu (pour le trajet Montréal-Sorel voir le circuit 1), et plus précisément par Saint-Ours: c'est dans ce petit village que Papineau rassembla, en mai 1837, des milliers de Patriotes, lançant du même coup un mouvement qui allait être durement étouffé par les troupes anglaises quelques mois plus tard.

On peut s'arrêter à la sortie sud de Saint-Ours pour visiter l'élevage de visons de M. Arsenault, captivant à écouter quand il parle de son métier.

Toujours en continuant sur cette même rive de la rivière, sur la route 133, on arrive à Saint-Denis où les Patriotes remportèrent, le 23 novembre 1837, une importante victoire sur les troupes du colonel Gore: huit cents hommes bien peu armés mettent en déroute cinq compagnies de militaires équipés et entraînés. Un monument aux Patriotes commémore cette victoire, qu'on fête encore tous les ans à la fin de novembre.

Puis ce sera Saint-Charles, d'où la révolte est partie le 23 octobre (vingt-cinq mille personnes lancent une «Adresse au peuple canadien») et où elle sera écrasée le 25 novembre, deux jours après la victoire de Saint-Denis.

À ne pas manquer à Saint-Ours, Saint-Denis et Saint-Charles, les minuscules et pittoresques traversiers qui, pour $0,50 ou moins, vous emmèneront de l'autre côté de la rivière où vous pourrez visiter d'autres villages, eux aussi fort jolis: Saint-Roch, Saint-Antoine-sur-Richelieu, Saint-Marc. À choisir entre les trois possibilités, je prendrai la traverse entre Saint-Charles et Saint-Marc, pour longer le Richelieu par la 223 jusqu'à Saint-Jean au moins.

Masse rocheuse au sommet de laquelle on trouve un lac de cratère, le lac Hertel, le mont Saint-Hilaire vaut l'arrêt et le coup de mollet de l'escalade. Le paysage, splendide, est envahi par une multitude de vergers qui font de cette région le royaume de la pomme et du cidre — ah! les promenades dans les pommiers en fleurs . . . Dans ce village natal de Paul-Émile Borduas, le peintre du «Refus global», on retrouve aussi la présence, passée ou actuelle, de nombreux artistes: ici une église décorée par Ozias Leduc, là le manoir de Jordi Bonnet, l'auteur de la fameuse murale du Grand Théâtre de Québec («Vous êtes pas écoeurés de mourir, bande de caves?»). Pour les sportifs, on peut aussi recommander une petite excursion, par la route 116 en direction de Montréal, vers le parc du Mont Saint-Bruno (voir appendice 2, p. 227).

En arrivant à Chambly, c'est une autre page d'histoire que l'on tourne. Le fort Chambly, partiellement restauré par le gouvernement fédéral, est installé dans un site particulièrement intéressant, près des rapides de la rivière Richelieu. Initialement construit en bois, en 1665, pour résister aux Iroquois, reconstruit en pierre en 1709 pour barrer la route aux Anglais, incendié par les Américains en 1775 et remis en état deux ans plus tard, il a par la suite servi de prison pour les Patriotes. L'arrêt en vaut la peine.

C'est à Chambly qu'aboutissait la première route construite au pays, il y a plus de 300 ans; c'est de Chambly que part le canal de Chambly qui, jusqu'à Saint-Jean, double la rivière Richelieu, non navigable à cet endroit. C'est en longeant ce canal qu'on arrivera à Saint-Jean, la capitale du Richelieu; on frémira d'émotion et de fierté en passant devant le Collège militaire ou en visitant le musée d'histoire militaire.

C'est en principe à Saint-Jean que notre itinéraire quitte la vallée du Richelieu: on traverse la rivière en direction de la ville jumelle de Saint-Jean, Iberville, et l'on prend la route 104 en direction des Cantons-de-l'Est. Pourtant, un détour jusqu'au sud de cette vallée du Richelieu peut s'avérer intéressant, avant de traverser la rivière.

• La haute vallée du Richelieu

À une vingtaine de kilomètres au sud de Saint-Jean, on arrive dans un de ces petits villages dont le nom a tout pour vous enchanter: Saint-Paul-de-l'Île-aux-Noix. Comme on n'est plus très loin du lac Champlain, la rivière a ici une largeur inaccoutumée. C'est sur une île située en face de Saint-Paul, et qui lui a donné une partie de son nom justement, que se trouve le fort Lennox. On accède à l'île par un traversier ($1), et le décor est tellement enchanteur qu'on serait bien inspiré en prévoyant y passer plusieurs heures, par exemple pour y pique-niquer. Quant au fort lui-même, entouré d'une douve (fossé inondé) de protection, il mérite la visite. L'architecture en est d'une beauté sobre, voire élégante. A l'intérieur des bâtisses, on a procédé à d'intéressantes reconstitutions: on découvre, comme si on y était, la poudrière, le corps de garde, le dortoir de la caserne, les chambres d'officiers.

De Saint-Paul-de-l'Île-aux-Noix, on continuera vers Lacolle, au sud. Si l'on a du temps et le goût de flâner, on fera une ballade vers l'intérieur, passant à Napierville — lieu de naissance de notre homme fort de légende, Louis Cyr, qui d'ailleurs a encore quelques descendants dignes de lui au village . . . — puis à Hemmingford, où est implanté notre non moins légendaire Parc safari africain — un endroit peu recommandé au «pouceux» piéton.

Quoi qu'il en soit, on redescendra ensuite la rivière Richelieu en la longeant sur sa rive est. Deux possibilités s'offrent alors pour se diriger vers les Cantons-de-l'Est: la route 104 à partir d'Iberville (en face de Saint-Jean), ou la route 112 à partir de Richelieu (en face de Chambly). Cette dernière, qui est l'ancienne route 1, passe par Granby et constitue un axe important entre Montréal et Sherbrooke, avec l'autoroute bien entendu. La route 104 a par contre l'intérêt de nous faire sortir des sentiers les plus battus — et c'est elle que nous allons emprunter.

Les Cantons-de-l'Est

Petit à petit, le paysage change. En quittant la plaine du Riche-lieu, on entre progressivement dans un décor de reliefs et de lacs où les boisés remplacent les terres cultivées, et les rési-dences secondaires les fermes. Nous entrons presque imper-ceptiblement dans les Cantons-de-l'Est, une de ces régions du Québec qu'il faut savourer en flânant, ou presque, de petite route en petite route: ce qui ne sera peut-être pas toujours facile pour l'auto-stoppeur, convenons-en . . .

Charmé par cette atmosphère bien particulière, on le devient vite. Déjà à Farnham, on sent le changement se produire. On passe Cowansville, que la route contourne sans qu'on ait particulièrement à le regretter, puis on arrive à Knowlton. À l'entrée de cette petite ville, sur la route principale, un restaurant, «le Campagnard», offre un superbe petit déjeuner maison pour moins de $3, composé, tenez-vous bien, d'oeufs, de bacon, de jambon, de pommes de terre sautées, de tomates et de fèves au lard!

Cette même petite ville compte une auberge de jeunesse, l'auberge Bolton Glen (voir appendice 1, p. 194), située sur la route rurale numéro 2 et ouverte toute l'année (tél.: (514) 243-5337). Quelques kilomètres au sud de Knowlton d'ailleurs se trouve une autre auberge, elle aussi ouverte toute l'année: l'Alpen Hauss, 30a Main Street South, à Sutton (voir appendice 1, p. 194). Ces deux auberges sont des auberges de séjour.

Arrivé dans le centre de Knowlton, tout envahi d'arbres et de verdure, on tourne à gauche sur la route 243 nord. On longe ainsi le lac Brome, splendide il faut le dire, qu'on admirera quand les luxueuses propriétés de certains riverains ne le dérobent pas complètement à la vue du voyageur moyen. Quelques kilomètres encore et on rejoint la route 112.

- De Richelieu à Waterloo par la route 112

  On a vu plus haut que cet itinéraire constituait la seconde possibilité de se rendre de la vallée du Richelieu aux Cantons-de-l'Est. Cet itinéraire a lui aussi son intérêt. La route commence en effet par passer dans une région de splendides vergers (Rougemont, Saint-Paul-d'Abbotsford) et traverse au passage la capitale mondiale des Bérets Blancs, Rougemont. Puis c'est Granby, la seconde agglomération des Cantons-de-l'Est, particulièrement vivante avec ses industries, son jardin zoologique, son Festival de la chanson (le samedi soir à «l'Es-cale», de septembre à décembre), son quotidien «la Voix de l'Est», et... sa collection de fontaines d'origine européenne dans les parcs de la ville. Peu après Waterloo, les deux itinéraires se rejoignent.

Ce n'est qu'un peu plus loin, sur cette même route 112 que se trouve notre première vraie étape dans les Cantons-de-l'Est: le parc du Mont-Orford (voir p. 228). Pour y accéder, emprunter la 112 jusqu'à sa jonction avec l'autoroute 10; à cet endroit, suivre avec précaution les indications.

- Le parc du Mont-Orford
  (voir appendice 2, p. 228)

  Haut de 792 mètres, le mont Orford est lui aussi un représentant des montagnes montérégiennes qu'on a rencontrées depuis Montréal tout au cours de ce cinquième circuit. Constitué en parc provincial depuis une quarantaine d'années, il est aujourd'hui l'un des espaces de plein air les plus accessibles aux citadins: on y vient bien sûr de Sherbrooke et d'ailleurs en Estrie, mais aussi, et beaucoup, de Montréal. Attrait principal du mont Orford: son extraordinaire beauté, notamment en automne. C'est donc un parc qui se parcourt à pied. On peut y camper dans un terrain agréablement aménagé en sous-bois ($3 par jour; $4 avec les services). À deux pas de ce terrain de camping se trouve une petite plage sur le lac Stukely, dans un site remarquable. C'est de là que part un sentier d'excursion pédestre au sommet du mont Chauve. Par ailleurs, une série de sentiers d'observation de la nature ont été aménagés qui partent également du terrain de camping. On peut aussi grimper au sommet du mont Orford même, d'où l'on a une vue époustouflante sur la région (les moins sportifs peuvent utiliser le télésiège qui fonctionne toute l'année). Le Mont-Orford, c'est aussi une station de ski alpin de première importance, avec ses 24 kilomètres de pentes. À l'intérieur de ce parc se trouve de plus, le Camp des Jeunesses musicales, Canada: ce centre d'art présente, l'été, des expositions ouvertes au public et des concerts.

Ce n'est peut-être que maintenant qu'on peut se dire véritablement entré dans les Cantons-de-l'Est. Après le mont Orford en effet, on arrive à Magog et au lac Memphrémagog (à l'ouest duquel, mais hors circuit et difficilement accessible pour l'autostoppeur, se trouve la célèbre Abbaye de Saint-Benoît-du-Lac, dans un site absolument fantastique). Les paysages sont verdoyants, enchanteurs, harmonieusement boisés, intelligemment habités par l'homme. La route 141 nous conduit de Magog à Coaticook, un autre de ces villages où il fait bon passer et, peut-être, flâner quelques heures.

Coaticook, c'est «la perle de l'Estrie». Le village et la région qui l'entoure, richement agricole, ont effectivement une beauté bien particulière. La rivière Coaticook traverse la petite agglomération et s'enfonce dans des gorges profondes au fond desquelles a été construite une petite centrale hydro-électrique: le site est fort agréable, la promenade autour de la centrale amusante, et la visite de la centrale elle-même a un charme gentiment rétro d'avant la crise de l'énergie.

On reprend la route 147 pour continuer, hors sentiers battus, notre exploration des séduisants Cantons-de-l'Est. À l'intersection de la route 108, on tourne à gauche en direction de North Hatley, un village d'artistes et d'artisans, et de Sainte-Catherine-de-Hatley, d'où l'on peut apercevoir tantôt le lac Massawippi, au sud, tantôt le lac Magog, au nord. C'est ce dernier lac que longe en partie la route 216 qui nous amène à Sherbrooke.

Après la perle, la «reine de l'Estrie», comme Sherbrooke aime à se faire surnommer. Ce n'est peut-être pas faux, mais la reine, je dois dire, me paraît plutôt ordinaire . . . Le site où cette ville est construite — le confluent des rivières Magog et Saint-François — est certainement joli; mais la ville n'a guère de quoi séduire. Le centre ville, en particulier, est assez banal. À signaler toutefois: l'université, le théâtre de l'Atelier (l'été), le Festival des Cantons (voir p. 242), en mai ou juin, un restaurant-bar sympathique «les Marches du Palais», près de la rue Wellington, en face du Palais de Justice, et une auberge de jeunesse.

- L'Auberge du Pin solitaire
  (voir appendice 1, p. 194)

  Située près du centre ville, sur une rue perpendiculaire à la rue King, cette jeune auberge de jeunesse compte une cinquantaine de places. L'hiver, elle devient résidence pour étudiants, mais on garde quelques places pour les itinérants. On n'y sert pour l'instant que le petit déjeuner, mais il est projeté de servir les deux autres repas dans un avenir rapproché. Auberge de passage, elle organise un minimum d'activités (prêt de bicyclettes), axant surtout ses efforts sur l'information (activités de loisirs, de plein air, ou communautaires, choses à voir) et sur une collaboration avec des bases de plein air de la région. *Tarifs:* $1,50 par nuit avec sac de couchage, $2 sans sac; petit déjeuner: $1).

On quitte Sherbrooke par Lennoxville et la route 108, en direction de Beauceville (pour sortir de Sherbrooke, prendre la rue Wellington sud). Après Lennoxville (Bishop's University et Ferme expérimentale du Dominion), on traverse plusieurs paysages de riche agriculture, mais de moindre charme sans doute. Après environ une heure de route — le calcul étant fait à partir du moment où vous attrapez votre pouce, bien entendu —, on arrive à Stornoway où l'on tourne à droite en direction de Lac-Mégantic.

● La base de plein air de Lac-Mégantic

Située sur les rives du lac du même nom — un lac véritablement très beau —, cette base de plein air peut constituer une des étapes les plus intéressantes de votre voyage. Condition *sine qua non* pour y résider: camper, puisque le camp en bois rond qui permettrait d'héberger des visiteurs n'en est qu'à l'état de projet. Qu'importe: le terrain de camping, aménagé sous les pins au bord de la plage est des plus agréables, et la base dispose par ailleurs d'une dizaine de tentes à louer. Quant aux repas, on peut se les préparer dans une cuisinette installée sous une grande tente.

On fait de la voile, du canot, du kayak, de la chaloupe, de l'escalade, de la randonnée (18 km de sentiers), de l'orientation, de l'hébertisme, du tir à l'arc et de la natation. Dans le cas de la voile toutefois, il est préférable de s'être au préalable inscrit à un stage. Quand il y a des voiliers à louer, les *tarifs* sont de $2 à $4 l'heure, de $5 à $10 la demi-journée et de $10 à $15 la journée. Les autres types d'embarcation se louent entre $2 et $8 par jour.

Les tarifs pour le camping sont les suivants: $1 par jour et par personne $2,50 maximum par tente); $5 la semaine et par personne ($12 maximum par tente); pour la saison complète, le tarif est de $40 par tente.

La base de plein air de Lac-Mégantic ouvre à la Saint-Jean-Baptiste et ferme le jour de la Fête du travail. On obtient plus de renseignements en appelant Claude Grondin, au numéro 583-0630.

De Lac-Mégantic, on reprendra par la suite la route 161 en direction de Stornoway, puis la 108 en direction de la Beauce et de Beauceville. Deux variables pourront être apportées à cet itinéraire toutefois: le Lac-Mégantic, en prenant la petite route 204 qui, par Saint-Ludger et Saint-Gédéon conduit à Saint-Georges par l'arrière-cour de la Beauce; ou bien, de Stornoway, en rejoignant la route 112 qui conduit, à travers le pays de l'amiante (Thetford Mines), à Saint-Joseph-de-Beauce.

La Beauce

Notre itinéraire nous amène tranquillement en Beauce. La route commence par parcourir une région vallonnée, à la fois forestière et agricole; elle traverse parfois des villages aussi pittoresques que celui de La Guadeloupe — l'exotisme est complet —, constitué tout simplement d'une immense rue droite descendant à pic vers le centre du village, puis remontant d'aussi raide façon vers sa sortie. Puis tout à coup, on arrive à Beauceville, qu'on aperçoit tout en bas, au creux d'une vallée: la vallée de la Chaudière.

Car la Beauce — une région du Québec des plus attachantes, certainement —, c'est d'abord et avant tout une rivière, cette Chaudière qui ne pourrait sans doute pas porter plus juste nom. De part et d'autre de cette rivière, de grosses et belles fermes, avec leurs pignons se terminant, à l'arête du toit, en fausse cheminée. La plupart du temps, ces fermes sont fièrement perchées à flanc de coteau. Et pour cause! Chaque printemps, quand la Chaudière dégèle, c'est la débâcle; presque toujours une fête, les inondations qu'elle provoque prennent pourtant parfois une dimension de véritable catastophe: toutes les maisons ne sont pas aussi bien installées que les premières fermes par rapport au niveau de l'eau.

La Beauce, c'est aussi les gens qui l'habitent, passionnants à découvrir, à rencontrer, à aimer. Les Beaucerons sont fiers de l'être. Dynamiques, entreprenants, grands conteurs d'histoires et joyeux fêtards, ils sont aussi chaleureusement hospitaliers . . . pour peu qu'on sache s'en faire des amis bien sûr.

Au hasard du temps que l'on a devant soi, des pouces qu'on a la chance d'avoir, des rencontres qu'on peut faire dans un «hôtel» ou un autre — puisque c'est dans les «hôtels» qu'on se retrouve pour prendre une bière —, on explore la Beauce: dans ce genre de voyage, pas besoin de recettes ni de guide, mais plutôt de sens de l'observation et de capacité de parler aux gens.

Descendez donc la vallée de la Chaudière, toujours belle malgré un développement résidentiel anarchique, malgré aussi les carrières de sable et les cimetières d'autos, descendez la vallée de la Chaudière de Saint-Georges à Sainte-Marie ou Scott. Montez dans l'arrière-pays, à Sainte-Rose, Saint-Léon-de-Standon, Saint-Édouard-de-Frampton, Saint-Malachie ou Saint-Lazare. Faites les rangs sur la rive gauche de la Chaudière et rendez-vous jusqu'au pays des sucres, des vrais sucres, à Saint-Sylvestre ou Saint-Patrice-de-Beaurivage. Et laissez-vous envoûter par la Beauce et les Beaucerons: vous n'oublierez jamais votre voyage . . .

Quand ce sera le temps de quitter la Beauce, une fois arrivé à Scott, trois routes s'offriront à vous: la 173 qui mène à Lévis et à la traversée pour Québec; la 175, qui aboutit au pont Pierre-Laporte et aux autoroutes qui contournent Québec; la 171, qui mène à Bernières et à l'autoroute 20 (ou à Saint-Nicolas et à la route 132) et à Montréal.

À vous de choisir: le voyage est fini . . . et avec lui ce petit guide: *Le Québec sur le pouce*.

Appendices

Appendice I
Les auberges de jeunesse et les bases de plein air

Voici une liste des auberges de jeunesse habituellement ouvertes au Québec; celle des auberges ouvertes l'été seulement n'est disponible que dans le cours du mois de mai (la liste des auberges ouvertes toute l'année reste toujours utilisable).

D'une façon générale, les auberges saisonnières rouvrent leurs portes tous les ans à la même adresse. Il est pourtant recommandé de vérifier si tel est bien le cas en s'adressant, à partir de la mi-mai, à la Fédération québécoise de l'ajisme (voir l'adresse dans l'appendice 4 de ce guide, consacré aux organismes à consulter).

Nous avons ajouté à la liste des auberges les adresses des bases de plein air membres de l'Union des centres de plein air du Québec, même si les bases de plein air reçoivent des stagiaires plutôt que des itinérants.

Toutes les adresses ont été classées en fonction des cinq circuits proposés dans le guide.

Circuit 1

Montréal

Auberge de Montréal
3541, rue Aylmer
Montréal
H2X 2B9
Tél.: (514) 843-3317
Ouvert toute l'année.
90 lits.
Auberge de passage.

Centre culturel Saint-Alexandre
3589, rue Sainte-Famille
Montréal
H2X 2L2
Tél.: (514) 842-5653
Ouvert l'été.
60 lits.
Auberge de passage.

Hillel
2130, rue Bishop
Montréal
H3G 2E9
Tél.: (514) 845-9957
Ouvert l'été.
40 lits.
Auberge de passage

La Molène
231, rue Notre-Dame
Lavaltrie, Berthier
J0K 1H0
Tél.: (514) 588-2252 (réservations)
Ouvert toute l'année.
18 lits.
Auberge de séjour.

Jeunesse Canada Monde
2500, avenue Pierre-Dupuis
Cité du Havre
Montréal
H3C 3R4
Tél.: (514) 861-8157
Ouvert toute l'année.
114 lits.
Auberge de séjour.

Québec

Auberge Belle Étoile
1134, rue Saint-Vallier est
Québec
G1K 3R7
Tél.: (418) 694-0632
Ouvert l'été.
100 lits.
Auberge de passage.

Auberge de la Paix
31, rue Couillard
Québec
G1R 3T4
Tél.: (418) 647-9333
Ouvert toute l'année.
Auberge de séjour.

Centre international de séjour de Québec
69, rue d'Auteuil
Québec
G1R 4C2
Tél.: (418) 694-0755
Ouvert toute l'année.
78 lits.
Auberge de séjour.

Relais des jeunes voyageurs
1190, rue Claire-Fontaine
Québec
G1R 3B3
Tél.: (418) 525-9223
Ouvert toute l'année.
70 lits.
Auberge de passage.

Environs de Québec

Base de plein air de Pont-Rouge
1, rue Bussières
C.P. 279
Pont-Rouge
G0A 2X0
Tél.: (418) 873-4515

Ermitage Lévis-Lauzon
23, rue Saint-Joseph est
Lauzon
G6V 1A8
Tél.: (418) 833-5927
Ouvert l'été.
30 lits.
Auberge de passage.

La Porte rouge
292, côte Sainte-Anne
Sainte-Anne-de-Beaupré
G0H 3C0
Tél.: (418) 827-3849
Ouvert l'été.
50 lits.
Auberge de passage.

Trois-Rivières

Auberge de Trois-Rivières
ou
La Grande Allée
C.P. 500
Parc de l'Exposition
Trois-Rivières
G9A 5H7
Tél.: (819) 374-7442
Ouvert l'été.
100 lits.
Auberge de passage.

Circuit 2

Laurentides

Auberge des travailleurs
Lac Legault
Sainte-Lucie, Terrebonne
J0R 1C0
Tél.: (819) 326-4069
Ouvert l'été.
50 lits.
Auberge de séjour.

Auberge La Cabouse
C.P. 30
Lac Bouillon
Saint-Donat, Montcalm
J0R 1C0
Tél.: (819) 424-2552
Ouvert toute l'année.
110 lits.
Auberge de séjour.

Auberge Léo-Lagrange
Route rurale no 1
Lac Renaud
Sainte-Adèle-en-Haut, Terrebonne
J0R 1C0
Tél.: (514) 229-5400
Ouvert toute l'année.
40 lits.
Auberge de séjour.

Auberge Saint-Sauveur
114, rue Morin
Val-Morin, Terrebonne
J0T 2R0
Tél.: (819) 322-6008
Ouvert toute l'année.
45 lits.
Auberge de passage.

Base de plein air le P'tit bonheur
C.P. 30
Lac-Carré, Terrebonne
J0T 1J0
Tél.: (514) 861-8113

Abitibi-Témiscamingue

Auberge des Chasses-Galeries
20, rue Reilly est
Rouyn
J9X 3N9
Tél.: (819) 764-3001
Ouvert l'été.
Auberge de passage.

Auberge de Val-d'Or
ou
Auberge d'amitié
71, rue Saint-Jacques
Val-d'Or, Abitibi
J9P 5A5
Tél.: (819) 824-9557
Ouvert l'été.
20 lits.
Auberge de passage.

*Base de plein air
du lac des Quinze*
Rang 1
Moffet, Témiscamingue
J0Z 2W0
Tél.: (819) 326-4281

Mauricie

Auberge de la Haute-Mauricie
C.P. 711
La Tuque, Champlain
G9X 3P5
Tél.: (819) 523-7776
Ouvert l'été.
32 lits.
Auberge de passage.

*Auberge du Parc national
de la Mauricie*
465, 5e rue
Shawinigan
G9N 1E5
Tél.: (819) 536-2638
Ouvert toute l'année.
Auberge de passage.

Circuit 3

Saguenay — Lac Saint-Jean

Auberge du camping municipal
365, avenue Bouchard
Roberval
G8H 1J9
Tél.: (418) 275-2572
Ouvert l'été.
30 lits.
Auberge de passage.

Auberge de Chicoutimi
16, rue Bossé ouest
Chicoutimi
G7J 1K8
Tél.: (418) 543-5108
Ouvert l'été.
40 lits.
Auberge de passage.

Auberge de l'Île-du-Repos
Sainte-Monique-de-Honfleur
Lac-Saint-Jean-Est
G0R 1N0
Tél.: (418) 347-5649
Ouvert l'été.
80 lits.
Auberge de séjour.

*Base de plein
air du mont Lac-Vert*
Notre-Dame-d'Hébertville
Lac-Saint-Jean
G0W 1S0
Tél.: (418) 344-1966

Base de plein air de Saint-Gédéon
Rang des îles
Saint-Gédéon, Lac-Saint-Jean
G0W 2P0
Tél.: (418) 345-2607

Côte-Nord

Auberge du Havre-Saint-Pierre
991, rue du Bouleau
Havre-Saint-Pierre
G0G 1P0
Tél.: (418) 538-3049
Ouvert l'été.
20 lits.
Auberge de passage.

Auberge de Sept-Îles
Angle des rues Brochu
et Napoléon
Sept-Îles
Ouvert l'été.
Auberge de passage.

Base de plein air Côte-Nord
898, rue de Puyjalon
Hauterive
Tél.: (418) 231-2214

Le Nord du Nord
Sault-au-Mouton, Saguenay
G0T 1Z0
Tél.: (418) 231-2214
Ouvert toute l'année.
67 lits.
Auberge de séjour.

Maison Majorique
Route 138
Tadoussac
G0T 2A0
Tél.: (418) 235-4372
Ouvert l'été.
30 lits.
Auberge de passage.

Charlevoix

Auberge de Baie-Saint-Paul
Baie-Saint-Paul
G0A 1B0
Tél.: (418) 435- 5587
Ouvert l'été.
75 lits.
Auberge de passage.

Circuit 4

Bas-du-Fleuve

Auberge Maison Blanche
139, rue McKay
Rivière-du-Loup
Tél.: (418) 862-9626
Ouvert l'été.
35 lits.
Auberge de passage.

Auberge de Rimouski
186, avenue Rouleau
Rimouski
G5L 5S9
Tél.: (418) 724-9595
Ouvert l'été.
54 lits.
Auberge de passage.

Base de plein air de Pohénégamook
C.P. 176
Estcourt-Pohénégamook
G0L 1J0
Tél.: (418) 859-2405

Carrefour international de la jeunesse
520, rue Lafontaine
Rivière-du-Loup
G5R 3C4
Tél.: (418) 862-1101
Ouvert l'été.
50 lits.
Auberge de passage.

Gaspésie

Auberge Les Vagues
Mont-Saint-Pierre, Gaspé-Ouest
G0E 1V0
Tél.: (418) 797-2898
Ouvert l'été.
100 lits.
Auberge de passage.

Auberge de Matane
354, avenue d'Amours
Matane
G4W 2X9
Tél.: (418) 562-2836
Ouvert toute l'année.
100 lits.
Auberge de passage.

Auberge de Percé
Percé
G0C 2L0
Tél.: (418) 782-2829
Ouvert l'été.
75 lits.
Auberge de passage.

Auberge de Saint-Omer
Saint-Omer, Bonaventure
G0C 2Z0
Tél.: (418) 364-7470
Ouvert l'été.
39 lits.
Auberge de passage.

Îles-de-la-Madeleine

Auberge de Havre-aux-Maisons
Havre-aux-Maisons
G0B 1K0

Auberge de passage.

Circuit 5

Cantons-de-l'Est

Auberge Alpen Hauss
30 a Main Street South
Sutton, Brome
J0E 2K0
Tél.: (514) 538-3130
Ouvert toute l'année.
60 lits.
Auberge de séjour.

Auberge Bolton Glen
Route rurale no 2
Knowlton, Brome
J0E 1V0
Tél.: (514) 243-5337
Ouvert toute l'année.
40 lits.
Auberge de séjour.

Auberge du Pin solitaire
154, boulevard Queen nord
Sherbrooke
J1H 3P7
Tél.: (819) 567-9717
Ouvert l'été.
Auberge de passage.

Appendice 2
Les parcs et les réserves du Québec

Au Québec, le seul ministère du Tourisme, de la Chasse et de la Pêche possède plus d'une soixantaine de parcs et de réserves, dont plusieurs sont facilement accessibles aux auto-stoppeurs. Ils offrent une gamme d'activités de plein air fort complète et variée, et ce, à des prix toujours raisonnables.

De son côté, Parc Canada exploite aussi quelques parcs et de nombreux sites historiques.

Quant au ministère québécois des Terres et Forêts, il gère ou subventionne plusieurs centres écologiques ou d'interprétation de la nature (entrée gratuite).

Sans vouloir présenter ici une liste exhaustive de toutes ces ressources de plein air, voici les plus intéressantes et les plus accessibles, présentées selon l'ordre des cinq circuits proposés dans ce guide.

Cette liste est suivie de quelques renseignements importants sur les parcs et réserves du Québec, extraits de la brochure publiée par le ministère du Tourisme.

Circuit 1

Environs de Montréal

Parc du Mont-Tremblant
voir circuit 2

Parc Paul-Sauvé

Localisation:
52 km à l'ouest de Montréal, via la route 344.

Activités:
été: camping, pique-nique, plage et randonnée
pédestre;
hiver: ski de fond et raquette.

Renseignements:
Parc Paul-Sauvé
C.P. 447
Oka, Deux-Montagnes
Tél.: (514) 473-1460   479-8003

Camping:
départ du terrain avant 14h; location de pédalos.

Pique-nique et plage:
saison: 13 mai au 25 septembre;
horaire: 9h à 19 h.

Pêche sous la glace:
endroit: Lac des Deux-Montagnes;
aucune location d'équipement.

Ski de fond et raquette:
horaire: 8h à 16h;
longueur des sentiers: ski de fond: 35 km, raquette:
10 km.

Randonnée pédestre:
endroit: calvaire d'Oka;
horaire: 8h à 20h;
saison: 13 mai au 1er novembre.

Parc du Mont-Saint-Bruno

voir circuit 5.

Environs de Québec

Parc Stoneham

voir circuit 3.

Parc Aquarium

Localisation:
près du pont de Québec

Renseignements:
Aquarium de Québec
1675, avenue du Parc
Sainte-Foy
(Québec)
G1W 4S3
Tél.: (418) 643-5023

Saison:
à l'année.

Horaire:
mi-mai au 1er septembre: 9h à 21h;
1er septembre à la mi-mai: 9h à 17h.

Tarif:
plus de 14 ans: $0,50 par visite;
6 à 14 ans: $0,10 par visite;
moins de 6 ans accompagné: gratuit.

Moniteurs disponibles.

(sur demande faite à l'avance):
Projection de films: 1er juin au 31 août, de 11h à 18h.

Cafétéria:
de mai à octobre.

Comptoir souvenirs:
d'avril à octobre.

Guide: Entre la mer et l'eau douce
$1 l'exemplaire.

Pique-nique:
gratuit.

Parc zoologique de Québec

Localisation:
13 km au nord de Québec, route 175.

Renseignements:
Parc zoologique de Québec
8191, avenue du Zoo
Québec
G1G 4G4
Tél.: (418) 643-2310

Saison:
à l'année.

Horaire:
1er mai au 18 juin: 10h à 19h;
19 juin au 5 septembre: 10h à 20h;
6 septembre au 16 octobre: 10h à 19h;
17 octobre au 30 avril: 10h à la tombée du jour.

Moniteurs:
(en été) sur demande à l'avance.

Casse-croûte et kiosques à souvenirs:
1er mai à la mi-octobre.

Tarif:
en été: plus de 14 ans: $1 par visite;
de 6 à 14 ans: $0,25 par visite;
moins de 6 ans (accompagné): gratuit;
visite organisée de groupe scolaire: gratuit;
mi-octobre à mi-mai: gratuit.

Mini-ferme:
11h à 17h30, du 1er mai au 30 septembre.

Parc des Laurentides
voir circuit 3.

Parc du Mont-Sainte-Anne

voir circuit 3.

Laurentides

Parc du Mont-Tremblant

Localisation:
139 km au nord de Montréal, via la route 117.

Activités:
été: camping, canotage, canot-camping, chalets, pêche à la journée, pêche-marche-camping, pique-nique, randonnée pédestre et visite;
automne: camping, canotage, chasse à l'orignal, pique-nique, randonnée pédestre et visite;
hiver: motoneige, ski alpin, ski de fond et raquette.

Renseignements:
Parc du Mont-Tremblant
Tél.: (819) 688-2281

N.B.: Le parc est fermé de la mi-novembre jusqu'à l'ouverture des activités d'hiver, et de la fin de mars jusqu'à l'ouverture de la saison d'été.

Camping:
endroits: La Ménagerie (lac Monroe): accès via Saint-Faustin; La Folière (lac Lajoie): accès via Saint-Donat;
départ du terrain avant 15h.

Camping rustique:
saison: 27 mai au 5 septembre;
arrivée: entre 7h et 23h.

Canotage et canot-camping:
endroits: rivière du Diable, lacs du Diable, en Croix, Wood et Imperial;
circuits: 50 km;
saison: 27 mai au 5 septembre (rivière du Diable et lac en Croix jusqu'au 17 septembre);
horaire: entrée: 7h; journée du départ, sortie avant 23h;
location: lac Monroe seulement, de 7h à 21h.

Pêche à la journée:
pêche à gué: à la journée;
endroits: rivières Boulée, Jamet, French, Lenoir, Macaza, Matawin, Savane, Rouge et ruisseau Froid;
tarif: droit d'accès à la pêche: $2 par jour par personne (s'adresser aux postes d'accueil);
horaire: 7h à 22h;
saison: 27 mai au 5 septembre.

Pêche à la journée (sans réservation):
endroits: lacs Lauzon, Monroe, du Chat, Escalier, des Sables, de la Savane, Lajoie, Provost, de la Sucrerie et rivière du Diable;
droit d'accès à la pêche obligatoire, mais gratuit;
saison: 27 mai au 5 septembre.

Pêche-marche-camping:
endroits: secteurs La Rouge et la Matawin;
saison: 27 mai au 5 septembre;
horaire: 7h à 22h;
tarif: séjour de 2 jours: $20;
séjour de 3 jours: $30;
comprend: accès à la pêche pour une à trois personnes, une embarcation, un emplacement de camping rustique.

Randonnée pédestre:
saison: 27 mai à la mi-novembre;
courtes randonnées aux endroits suivants: La Roche, La Corniche, chutes Croches, du Diable et lac des Femmes.

Ski de fond et raquette:
endroits: lac Monroe (accès: lac Supérieur via Saint-Faustin); longueur des sentiers: ski de fond 50 km, raquette 10 km; Saint-Donat (accès: centre d'accueil de Saint-Donat); longueur des sentiers: ski de fond 15 km;
horaire: 9h à 16h30.

Réserve Papineau-Labelle

Localisation:

95 km au nord de Hull, routes 148 et 309; 180 km au nord-ouest de Montréal, routes 117 et 321.

Activités:

été: canotage, canot-camping, chalets, fruits sauvages, pêche à la journée, pique-nique et visite;

automne: chalets, chasse au petit gibier;

hiver: motoneige, ski de fond et raquette.

Renseignements et réservations:

Val-des-Bois

Tél.: (819) 454-2013

Canotage:

endroits: lacs Écho, Sept-Frères et Preston (pas de pêche);

horaire: de 7h à 22h;

enregistrement: lac Sept-Frères pour le lac Sept-Frères; poste d'accueil Saint-Denis pour le lac Écho; postes d'accueil Lalonde et Preston pour le lac Preston;

saison: 27 mai au 5 septembre.

Canot-camping:

endroits: lac Sept-Frères, et rivière Preston (pas de pêche);

enregistrement;

saison: 27 mai au 25 septembre;

circuit: 85 km;

tarif: $2 par jour, par canot, par emplacement; location de canots;

réservation: Val-des-Bois.

Pêche à la journée:

pêche à gué: à la journée;

endroits: rivières et ruisseaux suivants: Savane, des Aulnes, du Sourd, Bouleau, Flood, Noir, du Diable, Mulet, Scryer, Kennedy, Saint-Denis;

tarif: droit d'accès à la pêche: $2 par jour par personne (s'adresser aux postes d'accueil);

horaire: de 7h à 22h;

saison: 27 mai au 5 septembre.

Abitibi — Témiscamingue

Réserve de La Vérendrye

Localisation:

54 km au sud-est de Val-d'Or;
294 km au nord-ouest de Montréal, route 117;
179 km au nord de Hull, routes 105 et 117.

Activités:

été: auberge, camping, canotage, canot-camping,
chalets, fruits sauvages, pêche à la journée et
pique-nique;

automne: auberge et chasse à l'orignal;

hiver: auberge.

Renseignements:

Le Domaine
Réserve de La Vérendrye
Tél.: 435-2511 (via Val-d'Or)

Camping:

endroits: aménagés: lacs La Vieille, Savary, Dozois;

rustiques: lacs Leamy, Roland, chemin Cabonga
(millage 3, millage 7, millage 15, barrage), lacs
Rapide, Larouche, Barrage, Camatose (route 117),
rivière Whiskey (Trompeuse), lacs des Neuf Milles,
Elbow, camp Denain, baie Barker, lacs Camille-Roy,
Granet, Victoria (Sand Point, Baie de Sable, quai
Simard), rivière à l'Épinette, lacs Andou, Rodin,
Grand Poigan, dépôt Catfish, rivière des Outaouais,
lac Joncas, baie Waskéga et camp Déry;

départ du terrain avant 16h;

droit d'accès à la pêche: $2 par jour par personne
(avec embarcation personnelle), $10 par jour par
groupe de 2 ou 3 personnes (avec embarcation du
Ministère), vendu aux postes d'accueil sud et nord,
aux lacs La Vieille, Savary, Roland, Rapide, Granet,
Dozois, au Domaine et l'auberge Dorval.

Canotage:

endroits: lacs La Vieille, Savary, Roland et Dozois;

location de canots sur place: $4 par jour par canot;

saison: 27 mai au 16 septembre.

Canot-camping:

endroit: Le Domaine;

saison: 27 mai au 16 septembre;

circuit: 805 km;

tarif: $2 par jour, par canot, par emplacement; location de canots;

droit de pêche: en sus; pêche interdite sur les lacs suivants: Jean-Péré, Antostagan, Poulter, Byrd, Embarras, Kondiaronk, Nizard, des Deux-Îles et Bélair;

renseignements et réservations: Le Domaine, Réserve de La Vérendrye (Pontiac) 435-2511

Pêche à la journée:

tarif: $2 par jour par personne (avec embarcation personnelle, $10 par jour par groupe de 2 ou 3 personnes (avec embarcation du Ministère); droit d'accès à la pêche vendu aux postes d'accueil sud et nord, lacs La Vieille, Savary, Roland, Rapide, Granet, Dozois, Le Domaine et auberge Dorval;

horaire: de 7h à 22h;

saison: 20 mai au 16 septembre.

Réserve Chibougamau

Localisation:

517 km au nord de Montréal;

325 km au nord-ouest de Québec, route 167.

Activités:

été: auberge, camping, chalets, fruits sauvages, pêche à la journée, pique-nique et visite.

Renseignements:

Roberval

Tél.: (418) 275-1702

Auberge Aigremont:

casse-croûte: 24 heures par jour;

station-service: 24 heures par jour (pas de dépannage ni de remorquage).

Camping:

endroits: lacs d'Argenson et du Milieu;

départ du terrain avant 16h;

N.B.: au lac du Milieu, trois abris disponibles, pour deux personnes chacun: $6 par jour par abri.

Pêche à la journée:

tarif: $10 par jour (droit d'accès à la pêche inclus) pour une, deux ou trois personnes;

embarcations du Ministère obligatoires dans les secteurs des lacs du Milieu et à la Loutre;

pêche à gué: à la journée;

endroits: ruisseau Madame, rivières Pémonka, du Cran, Vermillon et du Grand Portage;

tarif: droit d'accès à la pêche: $2 par jour par personne (s'adresser aux postes d'accueil).

Pêche à la journée (sans réservation):

endroits: plusieurs secteurs; les usagers doivent utiliser leurs embarcations personnelles;

tarif: droit d'accès à la pêche: $2 par jour par personne (s'adresser aux postes d'accueil);

horaire: 7h à 22h;

saison: 27 mai au 5 septembre.

Mauricie

Réserve Saint-Maurice

Localisation:

109 km au nord de Trois-Rivières;

189 km à l'ouest de Québec, route 155.

Activités:

été: camping, canotage, chalets, fruits sauvages,

pêche à la journée, pêche-marche-camping, pique-nique et visite;

automne: chalets, chasse à l'orignal, chasse au petit gibier;

hiver: chalets, motoneige, ski de fond et raquette.

Renseignements:

Shawinigan

Tél.: (819) 537-6674

N.B.: Le traversier à Matawin est le seul moyen pour entrer dans la réserve; tarif aller et retour: $4 par voiture, $6 par automobile avec roulotte.

Camping:

endroits: lacs Dunbar, Inman, Normand et Tousignant; départ du terrain avant 16h; droit d'accès à la pêche et embarcations en sus, entente sur place.

Canotage:

(aucune location d'embarcations sur place)

endroits: lacs Normand, Tousignant, Wessonneau et Soucis; la voile est permise sur les lacs Normand, Tousignant et Brown;

horaire: 7h à 22h;

saison: 27 mai au 5 septembre.

Pêche à la journée:

tarif: $10 par jour (droit d'accès à la pêche inclus) pour une, deux ou trois personnes;

horaire: 7h à 22h;

saison: 27 mai au 5 septembre.

Pêche-marche-camping:

endroit: secteur Wessonneau;

saison: 27 mai au 5 septembre;

horaire: 7h à 20h;

tarif: séjour de deux jours: $20, séjour de trois jours: $30, comprend: accès à la pêche pour une à trois personnes, une embarcation, un emplacement de camping.

Parc de la Mauricie (fédéral)

Localisation:
83 km au nord de Trois-Rivières, route 155.

Activités:
camping, interprétation de la nature.

Renseignements:
C.P. 758
Shawinigan
Tél.: (819) 536-2638

Circuit 3

Environs de Québec

Parc Stoneham

Localisation:
32 km au nord de Québec, route 175.

Activité:
été: camping.

Renseignements:
en été au poste d'accueil du camping:
tél.: (418) 848-2233;
toute l'année, au parc Montmorency:
tél.: (418) 663-7897.

Camping:
départ du terrain avant 16h;
piscine pour les campeurs seulement;
horaire: 9h à 19h.

Parc des Laurentides

Localisation:
48 km au nord de Québec;
21 km au sud de Chicoutimi, route 175;
38 km au sud d'Alma, route 169.

Activités:
été: auberges, camping, canotage, canot-camping,
chalets, escalade, fruits sauvages, pavillons,
pêche à la journée, pêche-marche-camping, pique-
nique, randonnée pédestre et visite;
automne: auberges, chasse à l'orignal;
hiver: auberges, chalets, ski de fond et raquette.

Renseignements:
Parc des Laurentides
Tél.: (418) 846-2811

Camping:

endroits: La Mare-du-Sault, La Loutre, rivière aux Écorces, Belle-Rivière, des îlets, lacs Sainte-Anne, Arthabaska et Métabetchouane;

saison: 27 mai au 5 septembre;

horaire: départ du terrain avant 16h; droits d'accès à le pêche et embarcation en sus; pêche à la journée, entente sur place.

Camping rustique:

endroit: vallée de la Jacques-Cartier, réservée aux usagers qui pratiquent les activités suivantes: canotage, canot-camping, canoë-kayak, escalade et randonnée pédestre;

saison: 27 mai au 14 octobre.

Canotage:

(aucune location de canots sur place, sauf au camping La-Mare-du-Sault pour les campeurs seulement).

endroits: rivière Jacques-Cartier, Grand lac Jacques-Cartier, rivière Montmorency, lacs Métabetchouane, Belle-Rivière, des îlets et Simoncouche; voile autorisée sur le Grand lac Jacques-Cartier, les lacs Métabetchouane, Belle-Rivière, des îlets et Simoncouche (canots, chaloupes et voiliers personnels permis à ces endroits sans aucun frais);

saison: 27 mai au 5 septembre (sauf rivière Jacques-Cartier: 14 octobre);

horaire: 7h à 22h; gratuit.

Canot-camping (aucune location de canots sur place):

a) rivière Métabetchouane
   saison: 17 juin au 5 septembre;
   horaire: entrée: 7h; journée du départ, sortie avant 22h;
   circuit: 80 km;
   tarif: $2 par jour par canot par emplacement;
   droit de pêche en sus en saison.

b) rivière Jacques-Cartier
  saison: 27 mai au 14 octobre;
  horaire: entrée: 7h; journée du départ, sortie avant
  22h;
  circuit: 25 km;
  tarif: $2 par jour par canot par emplacement;
  droit de pêche en sus en saison.

Escalade:

endroits: vallée de la Jacques-Cartier (27 mai au
14 octobre). Secteur Saint-Urbain (27 mai au 5
septembre); pour les groupes encadrés et de
compétence reconnue seulement; aucun service de
moniteur pour ce secteur.

Pêche à la journée:

tarif: $10 par jour (droit d'accès à la pêche inclus)
pour une, deux ou trois personnes;

pêche à gué: à la journée;

endroits: rivière Tourilli (via Saint-Raymond), rivières
La Cavée, Jacques-Cartier-Nord-Est et Launière
(via Stoneham), rivières Sautauriski et Jacques-
Cartier-Sud (via Jacques-Cartier-Sud), rivières aux
Écorces et Belle-Rivière (via Accueil Mésy);

tarif: droit d'accès à la pêche: $2 par jour par per-
sonne (s'adresser aux endroits ci-dessus men-
tionnés);

horaire: 7h à 22h;

saison: 27 mai au 5 septembre.

Pêche à la journée sans réservation:

endroits: Grand lac Jacques-Cartier, les lacs
Métabetchouane, Belle-Rivière, des Îlets, Artha-
baska, Sainte-Anne (via Saint-Raymond) et rivière
Montmorency;

tarif: droit d'accès à la pêche: $2 par jour par
personne;

embarcation personnelle permise aux usagers
séjournant à ces endroits;

horaire: 7h à 22h;

saison: 27 mai au 5 septembre.

Pêche-marche-camping:

endroit: secteur Saint-Raymond;

saison: 27 mai au 5 septembre;

horaire: 7h à 22h;

tarif: séjour de deux jours: $20; séjour de trois jours:
$30; comprend: accès à la pêche pour une à trois
personnes, une embarcation, un emplacement de
camping rustique.

Randonnée pédestre:

La-Mare-du-Sault: 27 mai au 5 septembre; vallée de
la Jacques-Cartier: 27 mai au 14 octobre.

Ski de fond et raquette:

endroit: camp Mercier;

horaire: entrée et sortie des pistes de 8h à 16h;

location de chalets (8) sur réservation;

longueur des sentiers: ski de fond, 50 km, raquette,
5 km;

cafétéria: 9h à 17h;

saison: 15 décembre au 31 mars;

renseignements: (418) 846-2811 (à vos frais);

location d'équipement (au poste d'accueil du
camp Mercier), skis fartés, bâtons, bottes: $5 par
jour par personne, $4 par demi-journée par per-
sonne; raquettes: $4 par jour par personne, $3 par
demi-journée par personne.

Ski de fond (longue randonnée):

endroits:

1- du camp Mercier à la forêt Montmorency, pour
   skieurs moyens;

2- du camp Mercier à la vallée de la Jacques-Cartier,
   pour skieurs expérimentés;

la longueur de chaque randonnée est de 40 km
aller-retour;

heures de départ et de retour:

1- départ: le samedi matin à 9h30 du camp Mercier;

2- retour: le dimanche vers 16h au camp Mercier;

nombre maximal de personnes par excursion:

1- forêt Montmorency: 70 personnes;

2- vallée de la Jacques-Cartier: 20 personnes.

Parc du Mont-Sainte-Anne

Localisation:

45 km à l'est de Québec, routes 138 et 360.

Activités:

été: golf, camping, pique-nique, piste cyclable, téléski nautique, télécabine et aérobus, visite;

hiver: aérobus et tremplins, ski alpin, ski de fond et raquette;

Renseignements:

Parc du Mont-Sainte-Anne
C.P. 400
Beaupré
(Québec)
G0A 1E0
Tél.: (418) 827-4561

Camping:

endroit: 8 km à l'est de la station de ski; départ du terrain avant 16h.

Téléski nautique:

endroit: lac artificiel près du chalet principal;

tarif: (équipement inclus): 15 minutes, adultes: $1,50; 17 ans et moins: $1; saison, adultes: $120; 17 ans et moins: $95;

horaire: 11h à 18h;

saison: 24 juin au 6 septembre.

Divers:

Casse-croûte et bar salon:

endroit: chalet principal au pied de la montagne;

saison: 28 mai au 11 octobre et toutes les fins de semaine jusqu'au début de la saison de ski;

endroit: chalet au sommet de la montagne, accessible par télécabine;

saison: 24 juin au 6 septembre et toutes les fins de semaine jusqu'au début de la saison de ski.

Ski de fond et raquette:

longueur des sentiers: ski de fond, 90 km; raquette, 10 km;

location d'équipement: au centre communautaire (bottes, bâtons et skis fartés): $5 par jour par personne;

centre communautaire;

départ et arrivée: rang Saint-Julien (cafétéria et bar salon);

horaire: 8h à 16h.

Télécabine:

endroit: ascension de la montagne;

horaire: 11h à 18h;

saison: 24 juin au 6 septembre, fin de semaine: jusqu'au début de la saison de ski;

tarif:

adulte:	$1,50 par personne;
moins de 14 ans:	$1,00 par personne;
groupe de 25 adultes:	$1,25 par personne;
groupe de 25 de moins de 14 ans:	$0,75 par personne.

N.B.: fonctionne tous les jours sauf par temps pluvieux ou de grand vent.

Aérobus:

endroit: près du chalet principal, 45 passagers, reliant le stationnement de dépannage au chalet principal;

tarif: gratuit;

saison: été: 24 juin au 6 septembre et toutes les fins de semaine jusqu'au début de la saison de ski, de 11h à 18h;

hiver: fin de novembre au début de mai, de 10h à 18h.

Tremplins:

endroit: à l'est du chalet principal; deux tremplins: 15 et 50 mètres;

tarif: gratuit;

horaire: 9h à 17h;

saison: de décembre à la fin de mars.

Ski alpin:

saison: fin novembre à mai;

horaire: 8h30 jusqu'à la tombée du jour.

Saguenay — Lac-Saint-Jean

Parc Val-Jalbert

Localisation:
450 km au nord-est de Montréal;
260 km au nord de Québec, route 169.

Activités:
été: camping, pique-nique, visite;
hiver: ski de fond et raquette.

Renseignements:
Val-Jalbert
Tél.: (418) 275-3132

Camping:
horaire: départ du terrain avant 16h.

Visite:
endroit: chute et vieilles maisons du village fantôme;
saison: 27 mai au 2 octobre;
horaire: 8h à 20h.

Ski de fond et raquette:
endroit: village fantôme;
longueur des sentiers: ski de fond, 5 km, raquette,
5 km;
horaire: 9h à 16h.

Parc Kénogami

Localisation:
232 km au nord de Québec;
35 km au nord-ouest de Chicoutimi, route 170.

Activités:
été: camping, pique-nique, plage;
hiver: ski de fond et raquette.

Renseignements:
Jonquière
Tél.: (418) 547-5751

Camping:

horaire: départ du terrain avant 16h;
activités réservées aux campeurs seulement: balle-molle, tennis, jeux de fer, croquet de gazon, mini-golf; location d'équipements sur place, sauf pour le tennis. Pour les activités, il faut réserver entre 9h et 16h.

Pique-nique et plage:

horaire: 9h à 19h;

saison: 27 mai au 5 septembre.

Côte-Nord

Réserve Port-Cartier — Sept-Îles

Localisation:

640 km au nord-est de Québec, via la route 138.

Activités:

été: camping, canotage, canot-camping, chalets, fruits sauvages, pêche à la journée, pique-nique, randonnée pédestre et visite;

Renseignements:

Sept-Îles
Tél.: (418) 962-9876

Camping:

endroits: rivière Sainte-Marguerite, les lacs Walker, Nord-Est et Arthur;
horaire: départ du terrain avant 14h.

Canotage:

endroits: lacs Walker, Quatre-Lieux et Hall; canots personnels permis;
location: embarcation pour la promenade;
horaire: 7h à 22h;
saison: 3 juin au 5 septembre.

Canot-camping (aucune location de canot sur place):
endroit: rivière Sainte-Marguerite;
longueur du circuit: 55 km;
enregistrement: poste d'accueil rivière Hall;
tarif: $2 par jour par canot et emplacement;
droit de pêche en sus;
saison: 3 juin au 5 septembre.

Pêche à la journée:
tarif: $10 par jour (droit d'accès à la pêche inclus)
pour une, deux ou trois personnes;
pêche à gué: à la journée;
endroits: rivière aux Rochers, de la route 138 jusqu'à
la rivière Pasteur (pêche à la mouche seulement)
et rivière MacDonald, du haut des chutes jusqu'au
lac Valilee;
tarif: droit d'accès à la pêche: $2 par jour par per-
sonne (s'adresser aux postes d'accueil);
horaire: 7h à 22h;
saison: 3 juin au 5 septembre.

Pêche à la journée sans réservation:
endroits: lacs Hall, Pasteur, Valilee, Walker, Quatre-
Lieux, Nord-Est, Arthur et Caotibi; on doit apporter
son embarcation personnelle;
tarif: droit d'accès à la pêche: $2 par jour par per-
sonne;
horaire: 7h à 22h;
saison: 3 juin au 5 septembre.

Randonnée pédestre:
endroit: chutes MacDonald;
saison: 3 juin au 5 septembre.

Parc Moisie

Localisation:
675 km au nord-est de Québec;
19 km à l'est de Sept-Îles, route 138.

Activité:

été: camping.

Renseignements:

en été, poste d'accueil du camping:
tél.: (418) 927-4242;
toute l'année, à Sept-Îles:
tél.: (418) 962-9876.

Camping:

départ du terrain avant 14h.

Circuit 4

Bas-Saint-Laurent

Parc Montmorency

Localisation:
40 km à l'est de Québec, route 132.

Activités:
été: camping.

Renseignements:
en été, au poste d'accueil du camping;
tél.: (418) 833-2245;
toute l'année, au parc Montmorency:
tél.: (418) 663-7897.

Camping:
départ du terrain avant 16h;
piscine pour les campeurs seulement;
horaire: 9h à 13h et 14h à 19h.

Parc Montmagny

Localisation:
78 km à l'est de Québec, route 132.

Activités:
été: camping, pique-nique, piscine.

Renseignements:
en été, poste d'accueil du camping:
tél.: (418) 248-3522;
toute l'année, au parc Montmorency;
tél.: (418) 663-7897.

Camping:
départ du terrain avant 16h.

Piscine:
horaire: 9h à 19h;
saison: 10 juin au 6 septembre.

Parc Saint-Alexandre:

Localisation:

198 km à l'est de Québec;
38 km à l'ouest de Rivière-du-Loup, route 289.

Activités:

été: camping, pique-nique.

Renseignements:

en été, poste d'accueil du camping:
tél.: (418) 495-2502;
toute l'année, à Rimouski:
tél.: (418) 723-9215.

Camping:

départ du terrain avant 16h.

Parc Trois-Pistoles

Localisation:

246 km à l'est de Québec;
61 km à l'ouest de Rimouski, route 132.

Activité:

été: camping.

Renseignements:

en été, poste d'accueil du camping;
tél.: (418) 851-2867;
toute l'année, à Métis:
tél.: (418) 775-3914.

Camping:

départ du terrain avant 16h.

Gaspésie

Parc Métis

Localisation:

40 km à l'est de Rimouski, route 132.

Activités:

été: pique-nique et visite.

Renseignements:

à Métis

Tél.: (418) 775-3914

40 acres de jardins cultivés comprenant environ
1 500 espèces d'arbres et d'arbustes, 2 500 variétés
de fleurs (100 000 plants). Exposition de vente de pro-
duits d'artisanat local; casse-croûte; pique-nique
(gratuit); visite.

saison: 11 juin au 30 septembre;

horaire: 8h30 à 20h;

tarif: (pour les visites): $0,25 admission et visite
(entrée libre pour les moins de 14 ans, accompagnés
d'un adulte).

Parc Amqui

Localisation:

74 km au sud-est de Mont-Joli, route 132.

Activités:

été: camping, pique-nique, plage, rampe de mise à
l'eau.

Renseignements:

en été, poste d'accueil du camping:
tél.: (418) 629-3433;
toute l'année, à Métis:
tél.: (418) 775-3914.

Camping:

départ du terrain avant 16h;
embarcations pour la promenade;
plage surveillée à l'usage des campeurs seulement;
horaire: 9h à 19h;
activités: badminton, ballon-volant, croquet et tennis;
tennis: pour les non-campeurs: $2 par heure (si
disponible).

Parc Camping Matane

Localisation:

10 km au sud de Matane;
104 km à l'est de Rimouski, route 195.

Activité:

été: camping.

Renseignements:

en été, poste d'accueil du camping;
tél.: (418) 562-3414;
toute l'année, à Matane:
tél.: (418) 562-3700.

Camping:

départ du terrain avant 16h.

Parc de la Gaspésie

Localisation:

16 km au sud de Sainte-Anne-des-Monts;
506 km à l'est de Québec, routes 132 et 299.

Activités:

été: auberge, camping, chalets, fruits sauvages,
pêche à la journée, pêche au saumon, pique-nique,
randonnée pédestre;
hiver: ski de fond.

Renseignements:

Sainte-Anne-des-Monts
Tél.: (418) 763-3303

Camping:

endroits: lac Madeleine et Mont-Albert;
départ du terrain avant 16h.

Pêche à la journée:

saison: 3 juin au 5 septembre;
tarif: $10 par jour (droit d'accès à la pêche inclus)
pour une, deux ou trois personnes;
horaire: 7h à 22h.

Randonnée pédestre:

endroits: monts Albert et Jacques-Cartier;

saison: 15 juin au 5 septembre;

S.V.P. ne pas cueillir fleurs, plantes ou autres végétaux;

moniteurs et service d'animation parfois disponibles;

randonnée d'une journée seulement;

horaire: départ à 8h30 sauf les jours de pluie (et le lendemain des jours de pluie pour le mont Albert); retour avant 17h;

guide pour groupes de cinq personnes au minimum pour le mont Jacques-Cartier;

départs: mont Albert: auberge du Gîte du Mont-Albert et terrain de camping Mont-Albert; mont Jacques-Cartier: auberge du Gîte du Mont-Albert ou camping du Mont-Saint-Pierre;

enregistrement obligatoire au départ et au retour; le laissez-passer du parc est gratuit mais obligatoire; il est disponible aux endroits suivants: auberge du Gîte du Mont-Albert, camping Mont-Albert, poste d'accueil Sainte-Anne, Murdochville, Grand Lac Sainte-Anne, camping Mont-Saint-Pierre et Rivière-à-Claude. On se rapporte au même endroit au retour.

Ski de fond (avec autorisation du surintendant seulement):

endroits: le long de la rivière Sainte-Anne (7 km), route d'accès au lac Vison (8 km);

horaire: 9h à 16h.

Parc Mont-Saint-Pierre

Localisation:

56 km à l'est de Sainte-Anne-des-Monts, route 132.

Activités:

été: camping, piscine.

Renseignements:
en été, poste d'accueil du camping:
tél.: (418) 797-2250;
toute l'année, à Sainte-Anne-des-Monts:
tél.: (418) 763-3301.

Camping:
départ du terrain avant 14h.

Piscine:
horaire: 9h à 19h;
saison: 10 juin au 11 septembre.

Parc Forillon (fédéral)

Localisation:
28 km au nord de Gaspé;
198 km à l'est de Sainte-Anne-des-Monts, route 132.

Activités:
été: interprétation, camping, randonnée pédestre, plage;
hiver: raquette et ski de fond.

Renseignements:
C.P. 1220
Gaspé
Tél.: (418) 368-5505

Parc Percé

Localisation:
86 km au sud-est de Gaspé, route 132.

Activités:
été: camping, caravaning, piscine (trois endroits différents).

Renseignements:
toute l'année, à Gaspé:
tél.: (418) 368-3444.

Camping et caravaning:
départ du terrain avant 14h;
renseignements en été: (418) 782-2846.

Piscine:
horaire: 9h à 19h;
saison: 10 juin au 6 septembre;
renseignements en été: (418) 782-2992.

Parc de l'île de Bonaventure

Localisation:
755 km à l'est de Québec;
72 km au sud-est de Gaspé, route 132.

Activités:
été: pique-nique et randonnée pédestre.

Renseignements:
en saison, Percé,
tél.: (418) 782-2846;
toute l'année, Gaspé,
tél.: (418) 368-3444.
N.B.: accès par bateau à partir du quai de Percé.
Camping défendu sur l'île.

Randonnée pédestre:
longueur: 4 sentiers, 15 km (longueur totale);
horaire: 8h à 19h;
saison: 10 juin au 16 octobre;
moniteurs parfois disponibles;
enregistrement au poste d'accueil.

Îles-de-la-Madeleine

Parc Îles-de-la-Madeleine

Localisation:
Golfe Saint-Laurent.

Activité:

été: camping.

Renseignements:

toute l'année, à Rimouski:
tél.: (418) 723-9215.

Camping Gros-Cap:

départ du terrain avant 16h;
renseignements en été: (418) 986-3066;

Camping Grande-Entrée:

départ du terrain avant 16h;
renseignements en été: (418) 985-2848.

Vallée du Richelieu

Parc du Mont Saint-Bruno

Localisation:

27 km à l'est de Montréal, via la route 116.

Activités:

été: pique-nique et randonnée pédestre;

hiver: ski de fond et raquette.

Renseignements:

1635, de Montarville
Saint-Bruno
Tél.: (514) 653-3653

5075, rue Fullum
Montréal
(Québec)
H2H 2K3
Tél.: (514) 873-2763

Randonnée pédestre:

sentiers de courtes randonnées pédestres: 25 km;

saison: 14 mai au 16 octobre.

Ski de fond et raquette:

longueur des sentiers: ski de fond, 20 km; raquette, 5 km.

Parc Sorel

Localisation:

73 km au nord-est de Montréal, via la route 132.

Activités:

été: camping et parc nautique.

Renseignements:

en saison (Sorel) camping:
tél.: (514) 742-3113;
parc nautique;
tél.: (514) 742-8576;

toute l'année (Montréal):
tél.: (514) 873-2763.

Camping:

3 km à l'est du parc nautique;
départ du terrain avant 14h;
piscine publique;
horaire piscine: 9h à 19h;
saison: 3 juin au 6 septembre.

Cantons-de-l'Est

Parc du Mont-Orford

Localisation:

120 km à l'est de Montréal;
26 km à l'ouest de Sherbrooke;
258 km au sud-ouest de Québec, via autoroute 10.

Activités:

été: camping, centre d'art, canotage, golf, pique-
nique, plage, randonnée pédestre, téléphérique;
hiver: ski alpin, ski de fond et raquette.

Renseignements:

Parc du Mont-Orford
Tél.: (819) 843-6233

Camping:

départ du terrain avant 14h;
renseignements (en saison): (514) 297-2222.

Centre d'art:

en juillet et août, les Jeunesses musicales du Canada
présentent des concerts. Une salle à manger et une
cafétéria sont ouvertes au public;
renseignements et réservations:
Montréal —

Jeunesses musicales du Canada
5253, avenue du Parc, suite 600
Montréal
(Québec)
H2V 4G9
Tél.: (514) 271-2566
Orford —
Centre d'art d'Orford JMC
C.P. 280
Magog
(Québec)
Tél.: (819) 843-3981

Canotage:

saison: 11 juin au 5 septembre;

location: chaloupes et pédalos (les embarcations personnelles peuvent être utilisées gratuitement).

Pique-nique et plage:

saison: plage, 11 juin au 5 septembre;

horaire: (plage surveillée) 9h à 19h.

Randonnée pédestre:

saison: 1er juin au 1er novembre;
sentiers de courtes randonnées pédestres: 8 km;
sentier de longue randonnée pédestre: 24 km;
renseignements: (819) 843-6233;
sentier d'interprétation: 2,5 km, réservé aux campeurs et aux usagers de la plage;
saison: 13 mai au 25 septembre;
renseignements en saison: (514) 297-2222.

Ski alpin:

location d'équipement;

renseignements (pour école et semaine de ski ou garderie):

Station de ski du Mont-Orford
C.P. 248
Magog
(Québec)
J1X 3W8
Tél.: (819) 843-6548

Ski de fond et raquette:

longueur des sentiers: ski de fond, 30 km; raquette, 15 km;

horaire: 9h à 17h;

renseignements (en hiver): (819) 843-1616

Beauce

Parc Saint-Joseph-de-Beauce

Localisation:

77 km au sud de Québec, route 173.

Activités:

été: camping, pique-nique, piscine.

Renseignements:

en été, poste d'accueil du camping:
tél.: (418) 397-5953;
toute l'année, au parc Montmorency:
tél.: (418) 663-7897.

Camping:

départ du terrain avant 16h.

Piscine:

horaire: 9h à 19h;
saison: 3 juin au 6 septembre.

Tarifs dans les parcs et réserves du Québec

Baignade:
Plage (stationnement à certains endroits)
- automobile
    $1 par jour
- autobus
    $5 par jour

Piscine:
- adulte
    $0,50 par jour
- enfant de moins de 12 ans
    $0,25 par jour

Bois de feu:
    $1 de ballot ($1' \times 1' \times 1' = 1$ pi^3)

Camping (droit d'accès):
- rustique
    $2 par jour par emplacement
- semi-aménagé
    $3 par jour par emplacement
- semi-aménagé avec piscine
    $4 par jour par emplacement
- aménagé
    $4 par jour par emplacement
- aménagé avec piscine
    $5 par jour par emplacement
- canot-camping
    $2 par jour par emplacement et canot

Canots à louer:
    $4 par jour par canot

Canots (canot-camping):
    Dépôt pour excursion 1 journée: $25 par canot
    (maximum: $100 par 4 canots et par groupe;
    dépôt remis si l'équipement revient en bon état.
    Lorsque l'équipement est retourné en mauvais

état, l'usager doit payer tous les frais de réparation ou de remplacement; le minimum est de $10.)
Dépôt si l'on apporte son propre canot: $10 (remis à la fin de l'excursion).

Chaloupes à louer (pour la promenade):
$4 par jour par chaloupe
$2 par demi-journée par chaloupe

Droit d'accès à la pêche aux autres espèces:
- pêche à la journée avec embarcation sur les lacs
  $10 par jour par groupe de trois pêcheurs ou moins
- pêche à la journée sur les lacs où l'usage d'embarcations personnelles est autorisée
  $2 par jour par personne
- pêche à gué à la journée (sauf saumon)
  $2 par jour par personne
- pêche-marche-camping
  $20 par groupe, maximum de trois personnes pour un séjour de deux jours
  $30 par groupe, maximum de trois personnes pour un séjour de trois jours

Glace:
$1 le sac (8 lbs); ou le bloc (12 lbs)

Pédalos:
$2,50 de l'heure

Pique-nique (droit d'accès):
gratuit, sauf dans quelques parcs et réserves et certains terrains de camping où il y a un coût pour le stationnement

Stationnement:
- automobile
  $1 par jour
- autobus
  $5 par jour

Raquette:
gratuit

Randonnée pédestre:
   gratuit

Ski alpin:
   variables (voir chacun des parcs)

Ski de fond:
   gratuit

Visite:
   gratuit

Renseignements et réservations

Pour réserver ou obtenir d'autres renseignements:

Composer, sans frais d'interurbain, selon la région
où vous êtes, aux dates et aux heures indiquées:

de la région de Québec	643-5349
de la région de Montréal	873-5349
d'ailleurs au Québec	1-800-462-5349
de l'extérieur du Québec (frais d'appel)	1-418-643-5349

Par écrit:

   Ministère du Tourisme,
   de la Chasse et de la Pêche
   Bureau des réservations
   Case postale 8888
   Québec
   G1K 7W3

Au comptoir:

   Ministère du Tourisme,
   de la Chasse et de la Pêche
   Bureau des réservations
   Place de la Capitale
   150 est, boulevard Saint-Cyrille, 10e étage
   Québec

Appendice 3
Les Fêtes populaires au Québec*

La liste qui suit donne un aperçu des principales fêtes populaires qui se déroulent chaque année au Québec. Pour de plus amples renseignements — et notamment pour des informations précises sur les dates de ces différents événements —, le voyageur devra se procurer les dépliants gratuits que publie à intervalles réguliers la Société des festivals populaires du Québec, 1415, rue Jarry est, Montréal, H2E 2Z7. Tél.: (514) 374-4700, postes 255 et 258.

Codes utilisés

A : arts et tradition
L : loisirs, sports et plein air
P : promotion d'un produit ou d'une ressource
W: western

Juin

Début du mois

Auclair (comté de Témiscouata): Festival populaire du JAL (L)

Milieu du mois

Cookshire (comté de Compton): Festival du pain (L)
East Angus (comté de Compton): Festival western (W)
Saint-Jean (comté de Saint-Jean): Festival johannais (L)
Labelle (comté de Labelle): La semaine québécoise (L)
Matane (comté de Matane): Festival de la crevette (P)
Mont-Joli et environs (comté de Rimouski): Festival de Métis (A)
Repentigny (comté de l'Assomption): Fête des arts (A)
Saint-Alexis-de-Matapédia (comté de Bonaventure): Festival de l'érable (P)

---

* Les manifestations ont été classées selon le mois et la période du mois où elles commencent généralement.

Fin du mois

Bonaventure (comté de Bonaventure): Festival de la traversée de la baie des Chaleurs (L)

Cabano (comté de Témiscouata): Festival du touladi (L)

Granby (comté de Shefford): Le regroupement de la princesse en fête (L)

Saint-Anselme (comté de Dorchester): B.B.Q. champêtre (L)

Waterloo (comté de Shefford): Champognon Val-Optimiste (P)

Juillet

Début du mois

Belleterre (comté de Témiscamingue): Festival du tourisme (L)

Chibougamau (comté d'Abitibi): Marathon international (L)

Chicoutimi (comté de Chicoutimi): Fête des arts populaires du Saguenay (A)

La Rédemption (comté de Matapédia): Festival des artisans (A)

Lennoxville (comté de Sherbrooke): Festival Lennoxville (A)

Odanak (comté de Yamaska): La fête de la famille abénakise (A)

Québec: Festival d'été (A)

Saint-Charles (comté de Bellechasse): Charolais champêtre (L)

Saint-Charles-de-Mandeville (comté de Berthier): Vive Mandeville (L)

Saint-Octave-de-l'Avenir/Cap-Chat (comté de Gaspé-Ouest: Festival de folklore interethnique (A)

Saint-Thomas-de-Joliette (comté de Joliette): Festival du tabac (P)

Saint-Vianney (comté de Matapédia): Festival du travailleur forestier (L)

Shawinigan (comté de Saint-Maurice): Carrefour des arts de la Mauricie (A); dure jusqu'à la fin d'août

Milieu du mois

Causapscal (comté de Matapédia): Festival de la p'tite fraise (P)

Dolbeau (comté de Lac-Saint-Jean-Ouest): Festival de Dolbeau (W)

L'Anse-aux-Griffons (comté de Gaspé-Est): Festival des
   sports (L)
La Tuque (comté de Champlain): Les 24 heures de La Tuque (L)
Lejeune (comté de Témiscouata): Fêtes champêtres (L)
Saint-Siméon (comté de Charlevoix-Est): Festival de
   l'éperlan (P)
Sorel (comté de Richelieu): Festival d'été (P)

Fin du mois

Baie-Comeau/Hauterive et environs (comté de Saguenay):
   Festival forestier de la Côte-Nord (L)
Cap-aux-Meules (comté des Îles-de-la-Madeleine): Festival
   de la mer (L)
Entrelacs (comtés de Montcalm et de Terrebonne): Les 48
   heures d'Entrelacs (L)
Fugèreville (comté de Témiscamingue): Bal des foins (L)
Gaspé (comté de Gaspé-Est): Festival de Jacques Cartier (A)
Mansfield et Pontefract (comté de Pontiac): Festival des
   hommes forts (L)
Roberval (comté de Lac-Saint-Jean-Ouest): La huitaine de la
   gaieté (dans le cadre de la traversée du lac Saint-Jean) (L)
Sainte-Marguerite-du-Lac-Masson (comté de Terrebonne):
   La farandole (L)
Saint-Jean-Port-Joli (comté de l'Islet): Festival de l'artisanat (A)

Août

Début du mois

Bonsecours (comté de Shefford): Festival du lac Bowker (A)
Cap-Santé (comté de Portneuf): Fête du village (A)
Sainte-Monique de Honfleur (comté de Lac-Saint-Jean-Est):
   Festival régional de l'écologie et de la forêt (P)
Saint-Eustache (comté de Deux-Montagnes): Les fêtes du
   vieux Saint-Eustache (A)

Milieu du mois

Albanel (comté de Lac-Saint-Jean-Ouest): Festival de la
   gourgane (P)

Mégantic (comté de Mégantic): Festival du théâtre étudiant de Québec (A)

Mistassini (comté de Lac-Saint-Jean-Ouest): Festival du bleuet (P)

Mont-Laurier (comté de Labelle): Classique internationale de canots de la Lièvre (L)

Poularies, Sainte-Rose de (comté d'Abitibi): Bal des foins (L)

Saint-Eugène-de-Guigues (comté de Témiscamingue): Festival de la pomme de terre (L)

Saint-Pierre-les-Becquets (comté de Nicolet): Festival de la tomate (P)

Saint-Ubald (comté de Portneuf): Festival de la patate (P)

Trois-Rivières (comté de Saint-Maurice): Festival de blé d'Inde de la Mauricie (L)

Fin du mois

Saint-Frédéric (comté de Beauce): Festival de la grange à Claude (A)

Saint-Léonard-de-Portneuf (comté de Portneuf): Festival du lin (A)

Thetford Mines (comté de Mégantic): Semaine du p'tit caribou (W)

Septembre

Début du mois

Notre-Dame-de-la-Doré (comté de Lac-Saint-Jean-Ouest): Les 6 heures d'Alexis-le-Trotteur (L)

Saint-Ambroise (comté de Chicoutimi): Festival de la patate (P)

Saint-Germain-de-Grantham (comté de Drummond): Rallye provincial des chiens de chasse (L)

Saint-Tite (comté de Champlain): Festival western (W)

Shawinigan (comté de Saint-Maurice): Classique internationale de canots de la Mauricie

Milieu du mois

La Tuque (comté de Champlain): Festival de chasse Optimiste (L)

Fin du mois

Magog (comté de Stanstead): Festival des couleurs (L)

Saint-Juste-du-Lac (comté de Témiscouata): Festival du
pointu (P)

Octobre

Début du mois

Rimouski (comté de Rimouski): Festival d'automne (L)

Saint-Stanislas (comté de Lac-Saint-Jean-Ouest):
Festival bourgeoisie du faisan (P)

Val-d'Or (comté d'Abitibi): Festival régional de l'orignal (L)

Milieu du mois

Montmagny (comté de Montmagny): Festival de l'oie blanche
(L)

Fin du mois

Chartierville (comté de Compton): Festival de la chasse (L)

Novembre

Gatineau (comté de Hull): Cirque de la culture (A)

Février

Début du mois

Chicoutimi (comté de Chicoutimi): Carnaval souvenir (A)

Québec: Carnaval de Québec (L)

Milieu du mois

Amos (comté d'Abitibi): Carnaval d'Amos (L)

Brownsburg (comté d'Argenteuil): Carnaval de Brownsburg (L)

Lac-Mégantic (comté de Frontenac): Carnaval de Lac-
Mégantic (L)

Fin du mois

Chibougamau (comté d'Abitibi): Festival des Folifrets (L)

Avril

Début du mois

Région de Lanaudière (vingt-huit municipalités): Festival socio-culturel (A)

Saint-Jean-de-Matha (comté de Joliette): Festival des sucres (en souvenir de Louis Cyr, l'homme fort) (P)

Fin du mois

Plessisville (comté de Mégantic): Festival de l'érable (P)

Mai

Début du mois

Région de l'Abitibi-Témiscamingue (cinquante-six municipalités): La semaine culturelle (A)

Milieu du mois

Drummondville (comté de Drummond): Festival des semaines culturelles du centre du Québec (A)

Fin du mois

Laverlochère (comté de Témiscamingue): La rigolade du printemps (L)

Sherbrooke (comté de Sherbrooke) Festival des Cantons (A)

Appendice 4
Les organismes à consulter

Voici une liste succincte d'organismes sans but lucratif pouvant apporter leur concours au moment de la préparation de votre voyage, tant dans le domaine de l'hébergement que dans celui du tourisme à proprement parler ou des loisirs en général.

Hébergement

Auberges de jeunesse
Fédération québécoise de l'ajisme
1324, rue Sherbrooke est
Montréal
H3G 1H9
Tél.: (514) 842-9048

> Regroupe l'ensemble des auberges de jeunesse du Québec quelle que soit leur affiliation (provinciale ou fédérale) et en publie tous les ans la liste dans son bulletin, *l'Ajiste* (voir le chapitre 2 de la présente partie). Deux autres ressources à signaler à la Fédération: un centre d'information sur le voyage à coût modique (documentation et personnes-ressources) et une boutique de matériel de plein air de bonne qualité, *le Randonneur* (réduction de 10% aux membres de la Fédération). Membre de l'Association canadienne de l'ajisme, de la Fédération internationale des auberges de jeunesse et de la Federation of International Youth Travel Organizations, la FQA offre de multiples services à tous les jeunes désireux de voyager de manière intéressante, ici comme à l'étranger.

Hébergement à la ferme
Fédération des agricotours du Québec
515, avenue Viger (2e étage)
Montréal

Appels sans frais: de Montréal (288-8090) et partout ailleurs au Québec (1-800-361-6196)

Un mode de tourisme pas comme les autres. La Fédération regroupe plus de 140 fermes réparties à travers tout le Québec, dont la liste et la description se trouvent dans *Vacances dans les fermes du Québec* (en vente dans les tabagies ou, à prix réduit, au service d'information du ministère de l'Agriculture, 1140, rue Taillon, Québec; accompagner sa demande d'un chèque ou mandat-poste de $3 à l'ordre du ministre des Finances du Québec. *Tarifs:* $95 la semaine ou $15 par jour (pension complète par enfant 2 à 11 ans), $30 par semaine ou $5 par jour (pension complète par enfant de moins de 2 ans). Dans ce cas, possibilité de camping (sauvage: $3 par jour; semi-organisé: $4; organisé: $5).

Réservations: exclusivement par l'intermédiaire de la Fédération, à l'adresse ci-dessus.

Tourisme

Service des renseignements touristiques
Ministère du Tourisme, de la Chasse et de la Pêche
Direction générale du tourisme
150, boulevard Saint-Cyrille est
Québec
G1R 4Y3

Salles d'accueil permanentes au Québec

12, rue Sainte-Anne
Québec
Tél.: (418) 643-2280

2, Place Ville-Marie
Montréal
Tél.: (514) 873-2015

Aéroport de Mirabel
Tél.: (514) 476-1224

Notre-Dame du Portage
Route 20
Tél.: (418) 862-9727

Réserve de La Vérendrye
Route 117
Tél.: (0) 435-2217

Rivière-Beaudette
Route 20
Tél.: (514) 269-2252

Saint-Bernard-de-Lacolle
Route 15
Tél.: (514) 454-9898

À l'étranger

17 West 50th Street,
New York
Tél.: (212) 581-1852

66, rue Pergolèse
Paris

12 Upper Grosvenor
Londres

16, Via Manzoni
Milan

30 Königsallee
Düsseldorf

15, rue de la Loi
Bruxelles

Kiosques ouverts l'été seulement

Le ministère ouvre, durant la période estivale une vingtaine d'autres kiosques d'information au Québec, et émet quelque 120 permis à des bureaux d'information touristique relevant d'organismes ou d'associations sans but lucratif.

Le ministère québécois du Tourisme est bien sûr la source d'information par excellence de tout voyageur, auto-stoppeur ou autre. Il publie en effet une grande quantité de documents essentiels, voire indispensables, et les diffuse *gratuitement* par son service des renseignements touristiques et par ses succursales. Une lettre ou mieux, une visite à l'un ou l'autre de ces points de distribution, s'impose donc avant de prendre la route. Le voyageur en profitera pour se procurer, selon ses besoins et entre autres documents — *gratuits* rappelons-le: *Carte routière du Québec,* dans son édition de l'année; *Monographies* sur les régions qu'il doit visiter; ces petites publications, au nombre d'une dizaine, proposent des circuits détaillés à l'intérieur de chacune des régions touristiques du Québec; très bien documentées, sur le plan historique notamment, elles constituent d'intéressants compagnons de voyage; *Éphémérides,* un calendrier des attractions et des manifestations de tous genres publié par le ministère tous les trimestres;

Camping Québec, le guide — indispensable — des adeptes de l'hôtellerie verte; ce répertoire mentionne tous les terrains de camping approuvés par le ministère, qu'ils soient privés ou publics, avec leurs localisation, tarifs, genre et services offerts;

Hôtels du Québec, un autre répertoire qui pourrait s'avérer utile même pour le «pouceux»: un petit hôtel pas cher fait parfois oublier bien des orages, bien des heures d'attente, bien des journées de fatigue et de vêtements mouillés et sales;

Parcs et réserves du Québec, un guide essentiel pour tous ceux qui veulent profiter de cette merveilleuse richesse naturelle — et collective — que constituent nos parcs; les paysages y sont splendides et les ressources bien protégées, les activités de plein air y sont multiples, bien organisées et de coût modique; même s'il n'est pas toujours facile pour l'auto-stoppeur d'avoir accès à toutes les facilités qu'offrent les parcs, les mieux situés d'entre eux peuvent constituer d'excellentes étapes pour les voyageurs (pour plus de détails, voir le chapitre 3 de la partie III);

Ski de fond et raquette au Québec et *Ski Québec,* deux autres répertoires destinés aux adeptes du plein air d'hiver.

Tourbec
347, rue Saint-Paul est
Montréal
H2Y 1H1
Tél.: (514) 866-1063

Ce «bureau de tourisme des jeunes» n'offre pas à proprement parler de services à ceux d'entre eux qui veulent voyager sur le pouce; toutefois, les excellents programmes de découverte du Québec qu'il organise depuis plusieurs années à prix ultra-modique s'avèrent, dans bien des cas, la meilleure façon de s'initier au voyage par ses propres moyens: une ressource à utiliser par ceux qui ne voudraient pas dès cette année partir sur le pouce...

Ministère des Transports du Québec
Direction des Communications
Hôtel du Gouvernement
Québec

Le ministère des Transports publie et diffuse gratuitement une petite brochure, aussi pratique qu'amusante, intitulée *Guide des traversées maritimes et aériennes*. Horaires des traversiers, durée du passage, tarifs, noms et caractéristiques des embarcations: tout ce que le voyageur a intérêt à savoir pour traverser sans problèmes le Saint-Laurent, la rivière Richelieu, le Saguenay, le lac Témiscouata, la baie des Chaleurs ou le golfe du Saint-Laurent, entre Souris et Cap-aux-Meules.

Loisirs

Confédération des loisirs du Québec
1415, rue Jarry est
Montréal
H2E 2Z7
Tél.: (514) 374-4350

Cet organisme regroupe une trentaine de fédérations qui s'intéressent particulièrement aux activités culturelles et sociales; entre autres activités, la CLQ publie un mensuel sur les loisirs au Québec, *Loisir Plus,* et un répertoire fort complet sur *le Monde des loisirs;* parmi les organismes membres de cette confédération, plusieurs peuvent intéresser plus directement le voyageur: l'Association québécoise du jeune théâtre (Tél.: (514) 374-4700, poste 419) qui organise tous les ans un festival particulièrement attrayant, la Fédération des centres socio-culturels du Québec (Tél.: (514) 374-4700, poste 413) qui regroupe plus d'une soixantaine de centres culturels, et la Société des festivals populaires du Québec (Tél.: (514) 374-4700, poste 255) qui réunit les organisateurs de carnavals, fêtes et festivals se déroulant régulièrement au Québec (voir le calendrier des fêtes populaires au Québec dans le chapitre 4 de la partie III).

Fédération québécoise du plein air
455, rue Saint-Jean
Montréal
H2Y 2R5
Tél.: (514) 845-2171

Organisme de promotion, de sensibilisation et d'information sur les activités de plein air, la FQPA regroupe des organismes spécialisés dans les domaines de la randonnée (à pied, à cheval ou à ski) du cyclotourisme, de l'alpinisme (escalade ou randonnée en montagne), de la raquette, du camping, de la chasse, de la pêche, du canotage, de la plongée sous-marine, de la spéléologie, de la voile, de l'observation, de l'interprétation et de la conservation de la nature.

Confédération des sports du Québec
1415, rue Jarry est
Montréal
H2E 2Z7
Tél.: (514) 374-4700, poste 336

La CSQ regroupe plus de soixante-dix fédérations sportives et publie une revue mensuelle, *Sport Québec*. Pour obtenir plus de renseignements sur les organismes affiliés à la CSQ et sur leurs activités, on peut se procurer le répertoire publié et mis à jour tous les six mois par la Confédération.

Voir le Québec

Voici une série de publications des plus alléchantes pour le touriste qui veut compléter ses photographies de voyage. Il s'agit de monographies photographiques comprenant des jeux de 12 diapositives couleurs accompagnées d'une brochure explicative en langue française et en langue anglaise. Le tout se présente dans une pochette de vinyle, format de poche.

L'Assemblée nationale du Québec

Vues de l'édifice, de son architecture et de quelques oeuvres d'art qui rappellent l'histoire de la nation.

La place Royale à Québec

Vues de la place et d'édifices composant cet historique ensemble d'architecture urbaine.

Le parc de Métis

Vues du célèbre jardin botanique, aux plantations en partie exotiques, que l'on dit unique en Amérique du Nord.

Les Sentiers de la nature
au Jardin zoologique de Saint-Félicien

Vues de quelques espèces animales et des sentiers de la nature reconstituant le mode de vie des Indiens.

Le carnaval de Québec

Vues des symboles du carnaval, des diverses activités et du célèbre défilé de nuit.

Le parc de la Mauricie

Vues de paysages de la forêt québécoise dans ce parc ouvert au tourisme, au nord de Trois-Rivières.

Chaque jeu se vend $3.95 dans les librairies de l'Éditeur officiel du Québec et dans votre librairie locale.

Éditeur officiel du Québec
1283, boul. Charest ouest
Québec
G1N 2C9

Trois-Rivières:
418, rue des Forges
G9A 2H3
Tél.: 375-4811

Hull:
662, boulevard
Saint-Joseph
J8Y 4A8
Tél.: 770-0111

Québec:
Place Sainte-Foy
G1V 2L1
Tél.: 643-8035

Centre administratif «G»
rez-de-chaussée
G1R 4Y7
Tél.: 643-3895

Montréal:
Place Desjardins,
150, rue Sainte-Catherine ouest
H5B 1B8
Tél.: 873-6101

Regroupement pour la surveillance
du nucléaire _ 2010 Mac Kay st.
                    Montreal _ Quebec.
(federal) demander l'adresse de Tournesol (montreal)

Au ministère de l'energie et des
ressources _ quebequois
    demander _ le journal de debats + presse
                de la commission parlementai
                sur la polit. energetique
                du quebec   (fev 77)
    % L'editeur officiel du quebec _

    Hydroquebec _ [EDF]

Collection des Guides pratiques

Déjà parus

Guide pratique de correspondance et de rédaction

Parois d'escalade au Québec

Série Itinéraires culturels

Rivière-du-Loup et son portage

La Gaspésie, de Grosses-Roches à Gaspé

La Gaspésie, de Miguasha à Percé

Université.
McGill Montreal anglais.
Laval. quebec fr - progeté -

U du quebec sur plusieurs campus -

Achevé d'imprimer en août 1978, sur les presses de
l'Imprimerie Canada Inc., à Québec.

La composition typographique a été réalisée à Québec par
la maison Caractéra Inc.